Max Czollek

VERSÖHNUNGSTHEATER

Hanser

1. Auflage 2023

ISBN 978-3-446-27609-3

Umschlag: Anzinger und Rasp, München
Satz: Angelika Kudella, Köln
Druck und Bindung: Friedrich Pustet, Regensburg
Printed in Germany

FSC
www.fsc.org
MIX
Papier aus verantwortungsvollen Quellen
FSC® C014889

INHALT

Zwischen Gestern und Morgen
Steht der Cherub
Mahlt mit seinen Flügeln die Blitze der Trauer
Seine Hände aber halten die Felsen auseinander
Von Gestern und Morgen
Wie die Ränder einer Wunde
Die offenbleiben soll
Die noch nicht heilen darf.

Nelly Sachs, Chor der Tröster

EINLEITUNG: NACH KNAPP ACHTZIG JAHREN DER ZURÜCKHALTUNG

Derzeit ereignen sich Krisen in atemberaubender Geschwindigkeit. Keine Blaupause, die in der Schublade liegt, keine Thinktanks, die Zeit hatten, über Jahre Strategien zu entwickeln. Das gilt auch für den Überfall Russlands auf die Ukraine am 24. Februar 2022. Unempfänglich für die Warnungen osteuropäischer Staaten, hatte sich Deutschland zu abhängig gemacht von russischen Rohstoffen und stand nun vor dem Scherbenhaufen einer verfehlten Außen- und Energiepolitik. Ob aus Gier, falschem Kalkül, Mangel an projektiven Fähigkeiten: plötzlich war der Bundestag mit einer weiteren Krise konfrontiert, auf die dringend eine Antwort gefunden werden musste. Bundeskanzler Olaf Scholz schüttelte diese Antwort wenige Tage darauf als »Zeitenwende« aus den hochgekrempelten Ärmeln.[1] Zentrales Anliegen seiner Regierungserklärung vom 27. Februar war die Verkündung eines Paradigmenwechsels im Verhältnis zur Bundeswehr und ihrer internationalen sicherheitspolitischen Rolle. Keine Kleinigkeit für das postnationalsozialistische Deutschland.[2]

Nun wäre es eine Sache gewesen zu sagen, die Aggression Russlands zwingt uns dazu, mehr Geld in die Bundeswehr zu investieren. Etwas völlig anderes ist es, das alles als Paradigmenwechsel zu bezeichnen, zu dem sich fast alle im Bundestag vertretenen Fraktionen begeistert zu Standing Ovations erheben. Tatsächlich hat dieser Umschwung einen langen Vorlauf, der eng mit der Entwicklung der deutschen Erinnerungskultur zusammenhängt. Wobei »deutsch« in diesem Zusammenhang eine Selbstbezeichnung ist, die eine ganze

Reihe an Fantasien transportiert, wer »wir« sind und was »wir« richtig gemacht haben. Einen Hinweis darauf lieferte SPD-Generalsekretär Lars Klingbeil, als er drei Monate nach Scholz' Rede beim SPD-Parteitag am 21. Juni verkündete, »nach knapp achtzig Jahren der Zurückhaltung« sei es wieder an der Zeit, dass Deutschland international seinen Führungsanspruch einlöse.[3] Dass Klingbeil dabei mit der Zeitangabe unzweideutig auf das Ende der Nazizeit verwies, ist kein Zufall, sondern Ausdruck des schiefen Geschichtsverständnisses, an dem die deutsche Erinnerungskultur maßgeblich mitgearbeitet hat. Und Scholz' Zeitenwende-Rede markierte einen weiteren Höhepunkt einer neuen Phase der Erinnerungskultur, die ich als *Versöhnungstheater* bezeichnen möchte.

Als das besiegte Deutschland sich Ende der 1940er Jahre anschickte, zwei neue deutsche Staaten zu gründen, waren sich die Regierenden einig, dass man damit auch eine Wiederholung der Katastrophe verhindern wollte, die der Nationalsozialismus für Deutschland, Europa und die Welt bedeutet hatte. Während sich die DDR zum antifaschistischen Staat erklärte und Nationalsozialist*innen zumindest in den ersten Jahren aus allen sichtbaren Positionen entfernte, schlug der erste Bundeskanzler der BRD Konrad Adenauer einen anderen Weg ein, der sich zwischen symbolischer internationaler Wiedergutmachungspolitik und nationalen Amnestiegesetzen bewegte, auf deren Grundlage eine Strafverfolgung oder auch nur gesellschaftliche Debatten weitgehend ausblieben. Das war die erste Phase der westdeutschen Erinnerungskultur, die ungefähr zwei Jahrzehnte andauerte.

Gut möglich, dass sich die westdeutsche Gesellschaft in den folgenden Jahrzehnten beim Umgang mit der Nazivergangenheit auch darum dynamischer als die DDR zeigte, weil zu Beginn mehr liegen geblieben war. Jedenfalls markierte der Kniefall Willy Brandts vor dem Ehrenmal des jüdischen Ghettos in Warschau am 7. Dezember 1970 den Beginn der zweiten Phase der Erinnerungskultur. Diese war gekennzeichnet durch ein verändertes Verhältnis der westdeutschen Gesellschaft zu ihrer Gewaltgeschichte: Man rief Gedenktage aus und hielt bewegende Reden, schuf Denkmäler, rekonstruierte Synagogen und jüdische Friedhöfe und gründete Museen. Dieser neue Umgang mit der Geschichte ging einher mit einem neuen Selbstverständnis als Nation, das Bundespräsident Richard von Weizsäcker in seiner berühmten Rede vom 8. Mai 1985 auf den Punkt brachte: Man verstand sich fortan nicht mehr als besiegtes, sondern als befreites Deutschland.[4]

Von heute aus gesehen wird deutlich, dass diese erinnerungskulturelle Entwicklung zugleich den Auftakt bildete für eine »Wiedergutwerdung Deutschlands« in der Gegenwart, die sich nach dem Aufgehen der DDR in der BRD 1990 zur gemeinsamen Erzählung des glücklich vereinigten Deutschlands verdichtete.[5] Damit läutete die Vereinigung die dritte Phase des deutschen Erinnerns ein: das Versöhnungstheater. Diese Weiterentwicklung fand auf Basis der in den Jahrzehnten zuvor etablierten (west)deutschen Erinnerungskultur statt, die zum Ausgangspunkt einer neuen Normalität erklärt wurde, die sich in den Jahrzehnten darauf als Forderung nach einem unverkrampften Nationalismus, in der Gründung von Heimatministerien, bei Bauprojekten wie der Rekonstruktion der Frankfurter Altstadt oder des Berliner Stadtschlosses äußerte. Die Verbindung zur Erinnerungskultur offenbart sich aber auch darin, dass die Verantwortlichen fortwährend

Bezug nehmen auf die vermeintlich beispielhafte Aufarbeitung der nationalsozialistischen Verbrechen, selbst wenn der konkrete Anlass gar nicht direkt damit verbunden ist.

So ist es auch kein Zufall, dass das Humboldt Forum im Berliner Stadtschloss am 20. Juli 2021 eröffnet wurde. Der 20. Juli ist nämlich das Jubiläum des Stauffenberg-Attentats, an dem eine Reihe vormaliger Gefolgsleute Hitlers 1944 versuchte, ihren Führer aus dem Weg zu räumen. Dass Stauffenberg mit der Neueröffnung der ethnologischen Sammlungen Berlins in der ehemaligen Residenz der preußischen Könige überhaupt nichts zu tun hat, ist symptomatisch für das Versöhnungstheater. Und auch Klingbeils Phrase »nach knapp achtzig Jahren der Zurückhaltung« fällt in diese Kategorie. Einen ersten Höhepunkt erlebte das Versöhnungstheater bereits mit der Fußballweltmeisterschaft 2006. Dieses national und international gefeierte mediale Großereignis war eine kollektive, lustvolle Bejahung eines neuen deutschen Nationalempfindens. Kritik wurde damals mit einem energischen »Es ist ja nur Fußball« vom Tisch gewischt. Entscheidend war aber auch hier der Verweis auf die Jahrzehnte einer Erinnerungskultur, mit denen man den eigenen Nationalstolz legitimierte, oder sogar erklärte. Die Worte sind anders, die Melodie ist dieselbe.

Als Olaf Scholz am 27. Februar 2022 von der Zeitenwende sprach, wehte Begeisterung durch den Bundestag. Wie bei der Fußballweltmeisterschaft 2006 wurden auch die deutschen Feuilletons und Talkshows von der Hochstimmung ergriffen, nur dass diesmal nicht die Nationalmannschaft, sondern die Opferbereitschaft und Mannhaftigkeit der ukrainischen Soldaten gepriesen wurde, die den deutschen Männern insbesondere in Großstädten angeblich fehle. Mich beeindruckte in diesen Wochen die Mühelosigkeit, mit der die Menschen ihre Ernst-Jünger-Rhetorik aus der Schublade zogen, nachdem sie sich und anderen jahrzehntelang eingeredet hatten, dass sie mit diesem Deutschland nichts mehr zu tun haben wollten. Was war passiert, dass der erinnerungspolitische Aufbruch der 1968er-Generation ein halbes Jahrhundert später in die Sehnsucht nach einer neuen nationalen Normalität mündete? Und wie konnte es sein, dass ihre Sehnsucht bis heute das öffentliche Gespräch über Erinnerungskultur dominiert, wenn wir doch wissen, dass neben den Nachkommen der Täter*innen auch Menschen in Deutschland leben, die andere Ängste, Sehnsüchte und Bedürfnisse mit sich herumtragen?

Der folgende Essay ist der Erkundung dieser Fragen gewidmet. Er beginnt mit einer Rekonstruktion der unterschiedlichen Phasen der Erinnerungskultur, bevor er sich der Gegenwart des Versöhnungstheaters zuwendet. Eine zentrale Einsicht dieser Rekonstruktion lautet, dass die zweite Phase der Erinnerungskultur sich ab den 1970er Jahren vor allem in einer Intensivierung symbolischer Handlungen manifestierte, die aber keine echte Übernahme von Verantwortung bedeuteten – etwa in Form von Entschädigungen, Rückübertragungen oder Verurteilungen wegen Mordes. Dieses Auseinanderklaffen von symbolischer Ebene und Realität ist unterdessen so normal geworden, dass man Ereignisse wie den rasanten Aufstieg einer völkischen Partei kaum noch als Erschütterung der erinnerungskulturellen Wiedergutwerdung Deutschland erlebt. Die zentrale erinnerungspolitische Frage, ob die deutsche Erinnerungskultur an einer Gegenwart mitarbeitet, in der Minderheiten weniger gefährdet sind als zuvor, tritt damit fast automatisch in den Hintergrund.

Bei der Analyse des deutschen Versöhnungstheaters kam es mir zunehmend so vor, als ginge es gar nicht um eine Anerkennung von Realitäten, sondern darum, dass sich ein Teil der deutschen Gesellschaft einen Wunsch nach *Versöhnung* erfüllt. Jedenfalls vermittelt dieser Wunsch dem Versöhnungstheater seine Dramaturgie. Vordergründig zielt er auf das Gegenüber, etwa die Gemeinschaft der lebenden Juden und Jüdinnen, bei denen man sich im Rahmen von Erinnerungsveranstaltungen für die Verfolgung entschuldigt – und im gleichen Atemzug für die Versöhnung bedankt. Auf den zweiten Blick wird aber deutlich, dass es beim Versöhnungstheater vor allem auch um ein Aussöhnen mit der eigenen deutschen Vergangenheit geht, denn nachdem die Gewaltgeschichte einmal an Gedenkorten lokalisiert und in Gedenkritualen gebannt worden ist, ist der Platz frei für die Erfindung einer »guten deutschen Vergangenheit«. Und so wird die deutsche Erinnerungskultur in dieser dritten Phase zum Energieträger einer Neuerfindung Deutschlands, die seit 2021 einen prominenten Platz in der von Bundespräsident Steinmeier ins Leben gerufenen Bundesstiftung »Orte der deutschen Demokratiegeschichte« gefunden hat.[6]

Ich muss zugeben, dass mich die Leichtigkeit beeindruckt, mit der dieser Prozess der Wiedergutwerdung ohne Wiedergutmachung durch das Mittel der Erinnerungskultur abläuft. Seine Funktionsweise hat die vergangenen Jahrzehnte Schule gemacht. Genau wie die Einzelnen keine juristische Verantwortung übernehmen mussten, indem man sie einfach wegmoderierte, wegversöhnte, wegrekonstruierte, wegerinnerte, verhielt man sich auch ein halbes Jahrhundert später angesichts des rechten Terrors der 1990er Jahre, des Asylkompromisses, des Versagens der Sicherheitsbehörden bei der Mordserie des NSU, der Angriffe auf die Asylunterkünfte 2015 und der bis heute andauernden EU-Grenzpolitik. Die deutsche Öffentlichkeit beschwört einfach weiter die eigene Wiedergutwerdung, ohne die Verbindung der gewaltvollen Gegenwart mit der Vergangenheit zu bedenken und den Preis zu zahlen, der zu zahlen wäre, damit das eigene Selbstbild den eigenen Handlungen entspricht. Oder anders gesagt: die Gegenwart so einzurichten, dass sich diese Katastrophe, die wir Vergangenheit nennen, nicht wiederholt.

Dieser Essay steht in einer Reihe mit zwei weiteren Büchern. In meinem ersten Essay *Desintegriert Euch!* ging es um das Zusammenwirken von Integrations- und Gedächtnistheater in einer deutschen Gegenwart, die nicht von Fantasien der Hegemonie und Harmonisierung lassen kann – und die Frage, wie eine Gegenstrategie aussehen könnte[7]; *Gegenwartsbewältigung* befasste sich mit einer Kritik der Idee kultureller Überlegenheit und der damit einhergehenden Vorstellung einer guten deutschen Kultur als Orientierungspunkt der pluralen Demokratie, die in den vergangenen Jahrzehnten ein Ort der radikalen Vielfalt geworden ist.[8] Im vorliegenden *Versöhnungstheater* geht es mir nun um das sich wandelnde Verhältnis der deutschen Gesellschaft zur eigenen Geschichte, ein bemerkenswerter Prozess, an dessen Ende die deutsche Erinnerungskultur selbst zum Ausgangspunkt für eine Neuerfindung Deutschlands wird. Man hat Großes mit der Vergangenheit vor, von dem man sich auch dann nicht mehr abbringen lässt, wenn sich die Gegenwart nicht entsprechend verhält.

Eine solche Erinnerungskultur, die Versöhnung zur Voraussetzung erklärt, hat weder Raum noch Interesse an Gefühlen der Untröstlichkeit und einer Haltung der Unversöhnlichkeit. Damit schließt sie einen erheblichen Teil der Gesellschaft aus der Erinnerungsarbeit aus. Im letzten Abschnitt schaue ich mir an, wie diese verdeckten Perspektiven dennoch eine Praxis des *Verbündet-Seins* und eine andere Sprache inspiriert haben, die grundlegend waren für die Entwicklung der pluralen Demokratie. Dieser Teil läuft auf die Feststellung hinaus, dass es für eine Wahrnehmung dieser anderen Erinnerungsrealitäten auch ein verändertes Verständnis davon braucht, wofür die deutsche Vergangenheit eigentlich da ist – nicht als Ressource für eine demokratische plurale Gegenwart, sondern als Warnung davor, wie schlimm die Dinge werden können, wenn wir nicht aufpassen. Wenn wir das verstehen, verstehen wir auch, was auf dem Spiel steht: dass wir mit der Vergangenheit nämlich auch die Zukunft dieser Gesellschaft verhandeln.

VERSÖHNUNGSTHEATER. DIE DRITTE PHASE DER ERINNERUNGSKULTUR

Stellen Sie sich vor, ich wäre Ihr Nachbar. Ich klopfe an der Tür und frage, ob Sie mir eine Bohrmaschine leihen können. Sie verschwinden kurz in Ihrem Hobbywerkraum, kommen mit dem Gerät zurück, und ich rufe: Tausend Dank für das schöne Geschenk! Fänden Sie das lustig? Im Jahr 2020 fanden sich anlässlich des 75. Jahrestages der Befreiung von Auschwitz Vertreter*innen Israels, der Siegermächte und Deutschlands zum fünften World Holocaust Forum in Yad Vashem zusammen. Bundespräsident Frank-Walter Steinmeier hielt eine in der deutschen Presse viel gelobte Rede, die unter anderem folgende Passage enthielt:

> Fünfundsiebzig Jahre nach der Befreiung von Auschwitz stehe ich als deutscher Präsident vor Ihnen allen, beladen mit großer historischer Schuld. Doch zugleich bin ich erfüllt von Dankbarkeit: für die ausgestreckte Hand der Überlebenden, für das neue Vertrauen von Menschen in Israel und der ganzen Welt, für das wieder erblühte jüdische Leben in Deutschland. Ich bin beseelt vom Geist der Versöhnung, der Deutschland und Israel, der Deutschland, Europa und den Staaten der Welt einen neuen, einen friedlichen Weg gewiesen hat.[9]

Stopp. Stopp. Schnitt. Was hat er gerade gesagt? Was ist passiert? Also, anlässlich des 75. Jubiläums der Befreiung des Konzentrationslagers Auschwitz lädt der israelische Staat zu einer Gedenkveranstaltung nach Yad Vashem ein, bekanntlich dem zentralen Gedenkort für die von Deutschland ermordeten sechs Millionen Juden und Jüdinnen. Zur Veranstaltung sind Repräsentant*innen derjenigen Länder eingeladen, die Nazi-Deutschland 1945 besiegten, außerdem ein Vertreter der Bundesrepublik Deutschland, Sie wissen schon, warum. Man trifft sich also, um der Toten zu gedenken und all der Dinge, die hätten sein können. Und während man andächtig schweigt, klatscht der deutsche Bundespräsident in die Hände und ruft: Mensch, also ich finde es wirklich ganz toll, dass wir uns hier versammelt haben, um uns miteinander zu versöhnen!

Wir sind uns vermutlich einig, dass Erinnern und Versöhnen ebenso wie Leihen und Schenken nicht dasselbe sind. Und doch taucht das Sprachbild des Geschenks regelmäßig in den Reden von Politiker*innen auf, wenn sie über jüdisches Leben in Deutschland sprechen, etwa beim NRW-Ministerpräsidenten Armin Laschet anlässlich der Eröffnung des Festjahres »1700 Jahre jüdisches Leben in Deutschland« im Februar 2021.[10] Vielleicht wollte er damit ausdrücken, dass die Anwesenheit von Juden und Jüdinnen nach 1945 als große Bereicherung für die nichtjüdische Gesellschaft verstanden wird, die kurz zuvor noch alle Juden und Jüdinnen vertrieben oder umgebracht hatte. Vielleicht sollte ein Gefühl der Dankbarkeit zum Ausdruck kommen, dass das mit der Wiedergutwerdung so gut geklappt hat, denn wo Juden und Jüdinnen leben, kann kein Nationalsozialismus sein.

Die Autorinnen Judith Coffey und Vivien Laumann würden in dieser Selbstbezüglichkeit vermutlich einen weiteren Fall von *Gojnormativität* erkennen.[11] Und sie hätten recht, denn eine nichtjüdische deutsche Hoffnung auf Versöhnung wird hier so weit verallgemeinert, dass sie die jüdische Anwesenheit als ein Geschenk an sich selbst bezeichnen kann. Tatsächlich verhält es sich ziemlich wahrscheinlich anders: Juden und Jüdinnen haben alle möglichen Gründe, in Deutschland zu sein – das Erfreuen der nichtjüdischen deutschen Seite zählt nicht dazu. Sie sind keine Geschenke für Deutsche.

Wie konnte es so weit kommen? Die Entwicklung bis zu Steinmeiers gefeierten Sätzen von 2020 lässt sich für die BRD recht mühelos rekonstruieren. Wurde der deutsche Völkermord an den Juden und Jüdinnen in der ersten Regierungserklärung Konrad Adenauers 1949 noch gar nicht ausdrücklich erwähnt, hielt der Bundeskanzler bereits am 27. September 1951 eine kurze Rede, die als Grundlage der bundesdeutschen Ära der *Wiedergutmachung* gelten kann. Darin heißt es unter anderem:

> Das deutsche Volk hat in seiner überwiegenden Mehrheit die an den Juden begangenen Verbrechen verabscheut und hat sich an ihnen nicht beteiligt.[12]

Diese Behauptung ist zwar faktisch falsch, bildet aber den Ausgangspunkt einer westdeutschen Erzählung, die über die folgenden Jahrzehnte hinweg als Basis der Politik diente. Sie erklärt auch, warum Adenauer bereits kurz nach Regierungsantritt Amnestiegesetze erließ, mit denen er die meisten kleinen Nazifische per Dekret entlastete. Doch auch die großen hatten kaum noch Strafverfolgung zu fürchten, ich komme darauf zurück. Wenn in der bis 1963 dauernden Adenauer-Ära von Wiedergutmachung die Rede war, ging es dementsprechend nicht um die juristische oder gesellschaftliche

Aufarbeitung der Rolle, die die deutsche Gesellschaft und jedes einzelne ihrer Mitglieder bei der Shoah gespielt hatten. Sondern: um eine Reihe öffentlicher Handlungen, die auf eine Wiederaufnahme der BRD in die Weltgemeinschaft abzielten, die nicht zuletzt gegen den Willen der Mehrheit der westdeutschen Bevölkerung umgesetzt wurden.[13] Diese Politik erfolgte in mehreren Schritten: Auf das Luxemburger Abkommen mit dem jungen Staat Israel 1953 folgten das Bundesentschädigungsgesetz 1956 sowie das etwas eigenartig benannte Bundesentschädigungsgesetz-Schlussgesetz 1965.

In den folgenden Jahrzehnten wurde diese »Vergangenheitsbewältigung« mit zunehmender Schärfe kritisiert, weil manche sicherlich nicht zu Unrecht vermuteten, man wolle mit der gewaltvollen Vergangenheit einfach nur irgendwie abschließen, sie eben: bewältigen. Diese Kritik war Ausdruck eines sich wandelnden Umgangs mit der jüngeren deutschen Vergangenheit und hatte auch mit einem Generationenwechsel zu tun. Mit der sogenannten 68er-Generation kamen nämlich die Kinder der Nazieltern zu Wort und sahen deutlich weniger Nutzen in Amnestieparagrafen als ihre Erzeuger*-innen. Stattdessen forderten sie eine ernsthaftere Auseinandersetzung mit der Geschichte. Kaum eine Geste bringt diese Veränderung so eindrücklich auf den Punkt wie der Kniefall des ehemaligen Widerstandskämpfers und Exilanten Willy Brandt 1970 vor dem Ehrenmal für die Toten des Warschauer Ghettoaufstands. In der Bundesrepublik diskutierte man den Kniefall in den folgenden Wochen und Monaten kontrovers. Sahen die einen in ihr einen Ausdruck von Unterwürfigkeit gegenüber der Sowjetunion, mit der man sich im Kalten Krieg befand, meinten andere, darin die lange überfällige Anerkennung der deutschen Verantwortung für den Zweiten Weltkrieg und seine Verbrechen zu erkennen. Letztere Perspektive setzte sich durch und damit eine Kritik an der Vorstellung, bei den Nazis habe es sich um eine kleine Clique von Gangstern gehandelt, die das eigentlich gute deutsche Volk verführt und anschließend ganz Europa in den Abgrund gerissen habe. So wurden auch die eigenen Familien zum Ziel der kritischen Bestandsaufnahme, an nicht wenigen Küchentischen mussten sich die Eltern die Frage gefallen lassen, wo sie während der Zeit des Nationalsozialismus gewesen waren und welche konkrete Verantwortung sie für die verübten Verbrechen hatten.

Die frühen 1970er Jahre bildeten den Auftakt für die zweite Phase der deutschen Erinnerungskultur. Und mir scheint, ihre Bedeutung und Reichweite ist sowohl unterschätzt als auch übertrieben worden: unterschätzt, weil hier tatsächlich ein neues Erinnerungsparadigma entstand. Die »deutsche Erinnerungskultur« wurde international so beispielhaft für eine staatliche und gesellschaftliche Anerkennung einer gewaltvollen Vergangenheit, dass man von einem echten Exportschlager sprechen kann. Zugleich wurde die Bedeutung und Reichweite dieser zweiten Phase auch übertrieben: Zwar läutete das Jahr 1970 ein neues Paradigma des gesellschaftlichen Umgangs mit der nationalsozialistischen Gewalt ein, dieser neue Umgang bedeutete aber nicht, dass Menschen für die Verbrechen, die sie während des Nationalsozialismus verübt hatten, auch tatsächlich zur Rechenschaft gezogen wurden, ebenso wenig wie für die Profite, die sie daraus geschlagen hatten. Erinnerungskultur made in Germany zeigte sich vor allem als eine Reihe politischer und gesellschaftlicher Bekundungen guten Willens, die sich fortan auch in Reden, Denkmälern und Gedenktagen ausdrückten.

Hier lohnt es sich, noch einmal auf die Bundestagsrede des Bundespräsidenten Richard von Weizsäcker vom 8. Mai 1985 zurückzukommen. In seinem Versuch, die Zuhörer*innen von einer Anerkennung der deutschen Verbrechen zu überzeugen, bezeichnete der Bundespräsident die Erinnerung als »Geheimnis der Erlösung«, als etwas, was nicht nur Hoffnung schaffe, sondern auch den »Glauben an Erlösung, an Wiedervereinigung des Getrennten, an Versöhnung«.[14] Eine bemerkenswerte Stelle. Nicht nur wegen der religiösen Bezüge, die die gesamte Rede durchziehen, sondern auch wegen der Nähe zur Versöhnungspassage vom Anfang des Kapitels. Bereits fünfunddreißig Jahre vor Steinmeier findet sich also die Vorstellung, der Akt des Erinnerns selbst könne Versöhnung bedeuten. Dass das mit dem Judentum weitaus weniger zu tun hat als mit einer christlichen Vorstellung von Vergebung brauche ich hoffentlich nicht erklären.

Es sollte offensichtlich sein, dass Versöhnung nur funktionieren kann, wenn das Gegenüber mitmacht. Gibt es dieses Gegenüber nicht, etwa, weil man es ermordet hat oder weil es Forderungen nach echter Aufarbeitung und Entschädigung stellt, die man wirklich nicht erfüllen möchte, hat man ein Problem. Auf dieses Problem kann man entweder reagieren, indem man auf die Forderungen eingeht – oder indem man sich einfach ein neues Gegenüber erfindet, das den eigenen Fantasien entspricht: Das war die Geburtsstunde der Juden des deutschen »Gedächtnistheaters«, das der Soziologe Michal Bodemann 1996 beschrieben hat.[15] Nun hatten die lebendigen Juden und Jüdinnen weder in der DDR noch in Westdeutschland besonders große Lust, der deutschen Seite dabei zu helfen, sich mit ihrer eigenen Geschichte auszusöhnen. Aber dieser mangelnde Kooperationswille war kein echtes

Problem für die deutsche Erinnerungskultur, die in den folgenden Jahrzehnten ein bestimmtes Bild von der jüdischen Bevölkerung erzeugte, die man vernichtet und vertrieben hatte und der man nun nachtrauerte. Das hatte unweigerlich Auswirkungen auf die – wenigen – lebenden Juden und Jüdinnen in der Bundesrepublik.[16] In diesem Sinne gab Michal Bodemann seinem Buch den programmatischen Untertitel *Die jüdische Gemeinschaft und ihre deutsche Erfindung.*[17]

Wenn ich die Geschichte der deutschen Erinnerungskultur anhand einiger ihrer zentralen Akteur*innen erzähle, geht es mir nicht darum, an ihrem guten Willen zu zweifeln. Es war ja keine Kleinigkeit, die alten Nazistrukturen herauszufordern und die eigenen Verwandten zur Rede zu stellen. Es kam etwas in Bewegung, was sich in den folgenden Jahrzehnten in lokalen und staatliche Praxen der Erinnerung manifestierte. Zugleich erzeugte das eine bestimmte Erzählung über die deutsche Gegenwart. Bei Diskussionsrunden und Begegnungen wird mir immer wieder klar, dass viele Menschen beseelt und vielleicht sogar ein wenig berauscht sind vom Pathos der Vorstellung, nach Jahrhunderten der Gewalt ein neues Kapitel im deutsch-jüdischen Verhältnis aufzuschlagen. Für manche ist dieser Aspekt vermutlich sogar zentral. Jedenfalls ging die von Brandts Kniefall am 7. Dezember 1970 eröffnete zweite Phase der Erinnerungskultur einher mit einer beispiellosen Intensivierung symbolischer Handlungen: Gedenkfeierlichkeiten, der Einrichtung von Orten der Erinnerung, einer Rekonstruktion jüdischer Friedhöfe, der Eröffnung von jüdischen Museen und Initiierung jüdischer Kulturtage, die bis heute den Kalender vieler Klein- und Großstädte prägen. Viel davon lief ausgesprochen-unausgesprochen bereits unter dem Schlagwort der Versöhnung.

Daran wird deutlich, dass die zweite Phase der Erinnerungskultur an manchen Stellen nahtlos an die Wiedergutmachungspolitik der Adenauer-Ära angeknüpft hatte – zumindest was den Aspekt nationaler Selbstentlastung anging. Nur die Strategien hatten sich mit der Zeit geändert. War es Adenauer noch um die Wiederaufnahme Deutschlands in die Staatengemeinschaft gegangen, fokussierte die zweite Phase stärker auf eine Neuerfindung des deutschen Selbstbilds, die sich in neuen Narrativen wie der Befreiung vom Nationalsozialismus durch die Alliierten ausdrückte. Die dritte Phase schließlich nutzte diese über Jahrzehnte entstandene Erzählung, um das neue Kapitel einer *Normalisierung* des deutschen Verhältnisses zur nationalen Gegenwart und Vergangenheit aufzuschlagen. Das zeigte sich bei der Fußballweltmeisterschaft 2006, als die Deutschlandfahnen in den öffentlichen Raum zurückkehrten, oder bei der Erweiterung des Innenministeriums zum Heimatministerium 2017. Und auch politische Schlagworte wie das der Zeitenwende oder des postulierten Endes von knapp achtzig Jahren außenpolitischer Zurückhaltung sind Teil dieses neuen Kapitels.

Wenn ich die dritte Phase als »Versöhnungstheater« bezeichne, dann verweise ich auch auf Michal Bodemanns bereits erwähntes Konzept des Gedächtnistheaters. Bodemann beschrieb damit für die 1980er und 90er Jahre eine Dynamik, bei der die lebenden Juden und Jüdinnen eine Art »ideologischer Arbeit« leisten, um die sich erinnernde deutsche Seite ihrer guten Absichten zu versichern.[18] Es handelt sich dabei um Theater, weil diese Versicherung auf der Bühne der Öffentlichkeit stattfindet, bei der nicht das Verhältnis von Inszenierung zur Realität, sondern von Inszenierung zum Publikum bestimmend ist. Dieses Verhältnis schreibt sich im Versöhnungstheater fort, weshalb es wenig überrascht, wenn die Rhetorik eines gemeinsamen Kampfes gegen Antisemitismus nicht einem realen gemeinsamen Kampf gegen Antisemitismus entspricht, was sich auch darin zeigt, dass selbst jene Akteur*innen gegen Antisemitismus wettern, die in Vergangenheit und Gegenwart kein besonderes Interesse an der Aufarbeitung in den eigenen Reihen beweisen.

Das Versöhnungstheater äußert sich aber nicht nur in der Entkopplung symbolischer Handlungen und politischer Realität, sondern auch in dem doppelten Maß, das die Öffentlichkeit in Bezug auf Antisemitismus anlegt – etwa wenn die offensichtlich antisemitische Bildsprache eines indonesischen Künstler*innenkollektivs auf der Documenta skandalisiert wird, während heimische Vorfälle wie die antisemitische Darstellung der Judensau an deutschen Kirchen oder die Ehrung von Antisemiten, Revisionisten und Shoah-Verharmlosern im Stadtschloss keine größeren Widersprüche erzeugen. Diese Ungleichheit der Skandalisierung folgt einer Logik, die rätselhaft bleiben muss, bis man versteht, dass es hier nicht nur um die Frage nach realem Antisemitismus, sondern um eine fortlaufende Inszenierung auf der Bühne des Versöhnungstheaters geht. Und das deutsche Publikum möchte eben lieber Antisemitismuskritik sehen, die nicht Gefahr läuft, die eigene Erzählung von der Wiedergutwerdung infrage zu stellen, oder, Gott bewahre, darauf hinausliefe, dass man selbst wirklich etwas korrigieren muss.

Genau diese Korrektur ist im Versöhnungstheater nämlich nicht vorgesehen, denn darum geht es: Die gute deutsche Erinnerungskultur der vergangenen Jahrzehnte dient als Ausgangspunkt für die triumphale Inszenierung der wiedergutgewordenen Deutschen und ihrer Geschichte. Das zeigt sich nicht nur an der Forderung nach einem entkrampften Verhältnis zur Nation, sondern auch an einer veränderten Gestaltung von Erinnerungsorten, auf die ich gleich zu sprechen komme. Auch die schleichende Veränderung des Gedenkens, die von der Fantasie einer gemeinsamen Erinnerung am Auschwitz-Gedenktag, dem 27. Januar, bis zur Feier des 100. Geburtstags von Sophie Scholl 2021 als Happy-Schläppy-Insta-Story einer jungen Frau während des Nationalsozialismus reicht, ist Teil dieser Inszenierung der deutschen Geschichte als Versöhnungstheater. Dazu passt, dass auch die damalige Staatsministerin für Kultur und Medien Monika Grütters zu den Unterstützer*innen der bereits erwähnten Stiftung »Orte der deutschen Demokratiegeschichte« zählt. Worum es ihr dabei geht, erklärte sie in einem Interview folgendermaßen:

> Wir haben uns in Deutschland intensiv mit den Abgründen unserer Geschichte beschäftigt und werden dies auch weiterhin tun. Die Geschichte des Nationalsozialismus zeigt, wie fragil demokratische Gesellschaften sein können. Die Botschaft daraus ist: Freiheit und Demokratie sind keine Selbstverständlichkeiten, sondern müssen täglich gelebt und verteidigt werden. An den Orten der Demokratiegeschichte wird konkret veranschaulicht, was es zu verteidigen gilt und warum wir über die Höhepunkte unserer Demokratiegeschichte ehrliche Freude empfinden dürfen.[19]

Der ganze Argumentationsgang ist etwas eigenartig: Der Nationalsozialismus demonstrierte für Grütters die Fragilität der Demokratie, was bereits eine steile These ist. Man könnte ja auch argumentieren, der Nationalsozialismus war Ausdruck der Macht hypernationalistisch, völkisch und antisemitisch eingestellter Bevölkerungsteile, unter denen sich besonders das Kleinbürgertum, der Adel und die Großindustriellen hervortaten. Die Demokratie wäre dann nicht wegen ihrer Fragilität, sondern wegen der fehlenden demokratischen Einstellung dieser Bevölkerungsteile durch den Nationalsozialismus beseitigt worden. Nun gut, da gibt es in Westdeutschland einfach andere Erzählungen. Aber selbst dann scheint mir die Konsequenz, die Grütters daraus zieht, unlogisch: »Ehrliche Freude« kann ich angesichts der deutschen Geschichte nun wirklich nicht empfinden. Eher noch erwächst daraus ein Wissen, wie schnell demokratische Entwicklungen zurückgedreht werden können, und damit die Frage, wie sich diese Gefahr verhindern lässt. Zumindest in diesem Punkt scheint Grütters in eine ähnliche Richtung zu denken, wenn sie kurz darauf von der »Spaltung der Gesellschaft« als »größte Bedrohung der Demokratie« spricht. Aber auch hier ahnt man schon, dass sie mit »Spaltung« nicht nationalsozialistische Denktraditionen oder die weiterhin bestehende Kluft zwischen Arm und Reich, Deutsch und Nichtdeutsch und so weiter meint, sondern linke Diskriminierungskritik. Auch darauf komme ich später zurück.

Im Versöhnungstheater ist das Aussöhnen mit der deutschen Vergangenheit und ihren Opfern bereits als vollendete Tatsache vorausgesetzt. Da wirkt der Gedanke, dass die Geschichte auch in der Gegenwart noch nicht erledigt sein könnte, sondern fortwirkt und weiterhin Gewalt erzeugt, eher als Beitrag zu einer »Spaltung der Gesellschaft«, die man ja erinnerungskulturell bereits überwunden glaubt. An diesem Glauben muss unbedingt festhalten, wer die Erzählung von der Wiedergutwerdung der Deutschen nicht infrage stellen möchte. Stellte sich nämlich die Erzählung von der erfolgreichen Aufarbeitung als falsch heraus, fiele auch das Projekt einer Neuerfindung einer guten deutschen Geschichte in sich zusammen. Und mit ihr das Berliner Stadtschloss, das ja schon jetzt herumsteht wie eine Bestellung bei Wish: Das hat online irgendwie besser ausgesehen. Wobei ich mir selbst da nicht so sicher bin.

NATIONALISMUS RELOADED. WIE ES WAR, DARF ES NICHT WERDEN

Im Januar 2021 saß ich gemeinsam mit einer Kollegin im coronabedingt geschlossenen ersten Rang des Maxim Gorki Theaters. Das Festjahr für 1700 Jahre jüdisches Leben in Deutschland hatte gerade begonnen, also hatten wir uns so richtig in Schale geschmissen: schwarze Schlapphüte, Goldkette, Quarzsand-Kippa und machten uns bereit für den medialen Vollkontakt. Wir waren bestens aufgelegt, als wir auf den Journalisten des öffentlich-rechtlichen Rundfunks trafen. Der redete nicht lange um den heißen Brei herum und kam direkt auf eine Passage aus *Desintegriert Euch!* zu sprechen, die ich 2018 so formuliert hatte:

> Was ist das für ein arroganter Glauben, man käme so billig davon? Als könnte irgendwie irgendetwas irgendwann jemals wieder normal sein. Ich fordere einen Zusatz zur Ewigkeitsklausel des Grundgesetzes: Es wird nie wieder alles gut.[20]

Dieses »Es wird nie wieder alles gut« wollte unser Gegenüber gerade im Jahr des glorreichen Geburtstags deutsch-jüdischen Zusammenlebens nicht auf sich sitzen lassen. Er fuhr sich durchs volle Haar und fragte dann: »Meinen Sie wirklich, dass es keine Möglichkeit mehr gibt, dass wir da irgendwie zusammenkommen?«, so als würde er uns gleich ein Angebot machen, das wir nicht ausschlagen könnten. Ich finde es nachvollziehbar, dass die Einsicht in die Verbrechen der eigenen Vorfahren einhergeht mit dem Wunsch nach

Versöhnung mit den Opfern dieser Verbrechen und ihren Nachfahr*innen. Mir scheint bloß, es wäre eine Sache, würden wir uns gemeinsam darauf einigen, dass viele Dinge niemals hätten geschehen dürfen. Eine andere Sache ist es, wenn man einfach nicht aufhören kann zu fragen, wann es endlich gut ist mit der Unversöhnlichkeit. Das schiebt die Verantwortung nicht nur auf die Opfer und ihre Angehörigen und Nachkommen ab, die endlich vergeben sollen, was man ihnen oder ihren Familien angetan hat. Die Frage erzeugt zugleich den Eindruck, dass man selber alles getan hätte, um zu einem Agreement zu kommen. Und das ist dann wieder klassisches Versöhnungstheater, bei dem die Versöhnung bereits vorausgesetzt ist, ohne dass der anderen Seite überhaupt noch die Zeit bleibt, ihre Perspektive zu äußern. So eine andere Perspektive formulierte die Philosophin Hannah Arendt im berühmten Fernsehgespräch mit Günter Gaus 1964, wo sie das, was in Deutschland geschehen war, wie folgt zusammenfasste:

> Vorher hat man sich gesagt: Nun ja, man hat halt Feinde. Das ist doch ganz natürlich. Warum soll ein Volk keine Feinde haben? Aber dies ist anders gewesen. Das war wirklich, als ob der Abgrund sich öffnet. Weil man die Vorstellung gehabt hat, alles andere hätte irgendwie noch einmal gutgemacht werden können, wie in der Politik ja alles einmal wieder gutgemacht werden können muss. Dies nicht. Dies hätte nie geschehen dürfen. […] Da ist irgend etwas passiert, womit wir alle nicht fertig werden.[21]

Es ist etwas geschehen, das kann nicht wiedergutgemacht werden, dafür kann es keine Versöhnung geben. Ich finde das so klar, dass mich das Erstaunen der anderen Seite verblüfft, konfrontiert man sie einmal mit dieser Perspektive der Unversöhnlichkeit. Spätestens an diesem Punkt sollte doch deutlich sein, dass es sich bei der Versöhnung um das Bedürfnis einer bestimmten Gruppe in dieser Gesellschaft handelt, die sich wünscht, dass die Verbrechen der Vergangenheit endlich einen Platz zugewiesen bekommen, an dem sie die Gegenwart nicht weiter stören. Ein Mahnmal etwa, einen Gedenktag oder ein paar Stolpersteine. Ich finde dieses Bedürfnis nach Versöhnung angesichts einer Gewaltgeschichte, die alles andere als normal ist, alles andere als normal. Darüber hinaus habe ich das Gefühl, dass bei der ganzen Dynamik auch ein Teil mutwillige Ignoranz mitschwingt, bei der man der betroffenen Seite zwar nickend zuhört, am Ende aber dann doch fragt, was man eh die ganze Zeit schon fragen wollte: ob es jetzt wieder gut ist. Oder normal.

Bei den vielen Gesprächen über Normalität, die ich in den vergangenen Jahren geführt habe, ist mir klar geworden, dass man sowieso erst einmal fragen sollte: wessen Normalität eigentlich? Nehmen wir beispielsweise an, diese Normalität würde beinhalten, dass Menschen an den europäischen Außengrenzen erfrieren und ertrinken. Oder auch, dass Menschen weltweit für den westlichen Lebensstil ausgebeutet oder sogar umgebracht werden. Müsste das nicht bedeuten, dass die Rede über Normalität entweder Lebensrealitäten und Gewaltverhältnisse ausblendet, oder aber Dinge für normal erklärt, die nicht normalisiert werden sollten? Das sieht natürlich nicht jede*r so. Denn hierzulande spielt die verschwommene Idee einer »Rückkehr zur Normalität« gerade dann eine zentrale Rolle, wenn von Erinnerungskultur oder dem deutsch-jüdischen Verhältnis die Rede ist. Die 1700-Jahr-Feier jüdischen Lebens etwa war ein großer Ausdruck dieses mehr oder weniger offen kommunizierten Wunsches nach Normalisierung.

Das Jubiläumsjahr 2021 geht zurück auf ein Edikt, das der römische Kaiser Konstantin am 21. Dezember 321 erließ und in dem er den Juden Kölns erlaubte, städtische Ämter zu bekleiden. Juden und Jüdinnen, so der Jubiläumstenor, lebten demnach nicht nur seit 1700 Jahren auf dem Gebiet, das heute Deutschland heißt, sondern sie seien »bereits seit der Spätantike wichtiger integrativer Bestandteil der europäischen Kultur«, wie die Website für das Festjahr verkündete.[22] Bei der Auftaktveranstaltung sprach der Präsident des Zentralrats der Juden in Deutschland Josef Schuster von der Historie der Juden in Deutschland als einer »Geschichte mit Höhen und Tiefen«.[23] Eine ganz normale Geschichte also: Manchmal war es gut, manchmal war es schlecht, man kennt das aus dem Vorabendprogramm. Ich kann mir schon vorstellen, dass das irgendwie beruhigend wirkt, für die deutsche Seite kommt außerdem noch hinzu, dass mit der Normalisierung des deutsch-jüdischen Verhältnisses nicht nur die jüdische Geschichte neu erzählt wird, sondern auch, und das ist entscheidend, die deutsche. 1700 Jahre jüdische Geschichte in Deutschland bedeuten eben auch 1700 Jahre Deutschland. Geschenkt, dass es Deutschland so lange noch gar nicht gibt. Vielleicht gibt es ja doch eine Möglichkeit, dass wir da zusammenkommen.

Aleida Assmann ist eine der bekanntesten Theoretiker*innen der deutschen Erinnerungskultur. In ihren neueren Arbeiten wendet sie sich der Nation als Ort einer positiven Identifikation für eine Gesellschaft zu. Damit einher geht die Annahme, dass die Erinnerungskultur in den Diensten der Normalisierung des Nationalismus stehen sollte. Wie genau sie sich das vorstellt, führt sie in einer Passage ihres Buchs *Das neue Unbehagen an der Erinnerungskultur* aus:

> In der EU [...] identifiziert man sich in allen Mitgliedsstaaten zuerst als Bürger*innen der Nation und erst an zweiter Stelle als Europäer*innen, während in Deutschland weithin das Umgekehrte gilt. Von Normalisierung kann hier also noch nicht wirklich die Rede sein, solange es noch keinen entspannten und entkrampften Umgang mit nationalen Symbolen gibt.[24]

Normalisierung bedeutet für Assmann also einen entkrampften und entspannten Umgang mit nationalen Symbolen. Nun will ich gar nicht weiter darauf eingehen, ob es hierzulande nicht schon ziemlich lange einen solchen entkrampften Umgang mit nationalen Symbolen gibt und welche tödlichen Konsequenzen das hat. Ich möchte mich auch nicht damit aufhalten, inwiefern die Rede von der Verkrampfung dazu beiträgt, diese Entwicklung noch zu befeuern. Es ist doch ein durchsichtiger argumentativer Move, »Man darf ja nichts mehr sagen« zu rufen, bevor man dann genau das sagt. Aber darum geht es mir hier, wie gesagt, gar nicht, mich interessiert Assmanns erinnerungspolitische Kernthese: Erinnerungskultur sollte den entspannten und entkrampften Umgang mit nationalen Symbolen ermöglichen. Das ist schon steil, denn damit erklärt Assmann die Erinnerung an die Shoah zum Teil einer Normalisierung des deutschen Verhältnisses zur eigenen Nation und zur nationalen Geschichte. Und das ist auch eine Keymessage des Versöhnungstheaters. So überrascht es wenig, dass Assmann in der erweiterten Ausgabe von *Das neue Unbehagen an der Erinnerungskultur* 2020 einen direkten Widerspruch zu Michal Bodemanns und meinen Arbeiten formulierte, die sie in einem neuen Kapitel als »Jüdische[s] Unbehagen« an der deutschen Gedenkkultur diskutiert.[25] Zwar sei der Imperativ *Desintegriert Euch!* »wichtig, um das Selbstverständnis der jüdischen Minderheit in Deutschland zu klären und zu stärken«.[26] Allerdings entstehe dabei der Eindruck, »als schlösse die jüdische Identifikation eine Identifikation mit dem demokratischen deutschen Staat kategorisch aus«.[27]

Diese Einordnung erinnert mich ein wenig an den Vorwurf, Diskriminierungskritik sei die eigentliche Wurzel gesellschaftlicher Spaltung. Nur eben verpackt als These, das jüdische Unbehagen an der Erinnerungskultur verhindere eine Identifikation mit der deutschen Demokratie. Bedenkt man aber, dass Assmann Erinnerungskultur als instrumentell für einen entspannten und entkrampften Umgang mit nationalen Symbolen versteht, dann wird klar: Auf ihre Weise hat sie recht! Denn mit unseren Büchern bestreiten Bodemann und ich ja tatsächlich, dass der entspannte und entkrampfte Umgang mit nationalen Symbolen, den Assmann anstrebt, Ziel von Erinnerungskultur sein sollte. Unsere Annahme lautet dagegen, dass Erinnerungsarbeit Teil eines Versuchs sein sollte, die Gegenwart so einzurichten, dass sich die Vergangenheit nicht wiederholt. Ich würde Assmann also recht geben, freilich mit dem Unterschied, dass sich nicht

Desintegration und eine Identifikation mit der pluralen Demokratie, sondern die Desintegration und Assmanns These von einer Erinnerungskultur, die in den Diensten der Nation steht, ausschließen. Wenn das zur Folge haben sollte, dass Deutschland kein normaler Teil der EU sein kann, müsste man vielleicht noch mal über die Annahmen einer Zugehörigkeit zu Europa und die Voraussetzungen europäischer Normalität nachdenken.

Von einem solchen Perspektivwechsel sind wir derzeit augenscheinlich weit entfernt. Sei's drum. Dann markiert die Kritik am Versöhnungstheater eben erst einmal eine Leerstelle, die so lange nicht gefüllt wird, wie jene Perspektiven ausgeschlossen bleiben, für die Erinnerung nicht eine Entkrampfung des Verhältnisses zur Nation bedeutet, sondern die darauf bestehen, dass so etwas nicht hätte geschehen dürfen. Es gibt noch heute Menschen, die am eigenen Leib erfahren haben, was passiert, wenn Deutschland seine Zurückhaltung aufgibt, die es mit den Worten des SPD-Bundesvorsitzenden Lars Klingbeil die letzten knapp achtzig Jahre geübt hat. Möglich, dass die Vertreter*innen der deutschen Normalisierung bereits ahnen, dass die Unversöhnlichkeit dieser Menschen und ihrer Nachkommen sie nicht ganz grundlos treffen wird. Und weil das so ist, beharren die Normalisierungsfans umso nachdrücklicher auf einer Neuerfindung der eigenen Geschichte. Vielleicht, weil man in Zeiten von Stadtschloss und Zeitenwende keine Lust mehr hat auf eine Diskussion von Heimatliebe und Nationalstolz, stellt man die Nation als alternativlos dar und vermeidet auf diese Weise die Ausgangsfrage. Ein einfacher, aber effektiver Move, der Aleida Assmann mit Kommentator*innen wie der Historikerin Hedwig Richter oder Bernd Ulrich, dem stellvertretenden Herausgeber der *Zeit*, verbindet, die auch ausdrücklich eine Normalisierung des deutschen Verhältnisses zu sich und zur eigenen Vergangenheit fordern. Die Deutschen, eben als ein »Volk mit Eigenschaften, auch mit sehr negativen und nervigen«.[28] Man kann dafür wie Ulrich und Richter auf andere Länder verweisen, die es auch nicht besser machen. Und zweifelsohne war und ist die Gewalt nicht beschränkt gewesen auf Deutschland, sondern ging von allen möglichen Nationen aus. Aber das bedeutet doch nicht, dass das in Ordnung ist.

Eine Erinnerungspraxis, die der pluralen und postnationalsozialistischen Demokratie angemessen ist, sollte darauf abzielen, die Gesellschaft so einzurichten, dass sich die Geschichte nicht wiederholt. Wenn wir also die historische und gegenwärtige Katastrophe, die wir Nationalismus nennen, als normal bezeichnen möchten, dann bitte als eine Normalität, die dringend überwunden werden muss. Und dafür ist die Frage tatsächlich nicht besonders relevant, ob Deutschland historisch schlimmer war oder normal schlimm wie andere europäische Staaten. Wie es war, darf es nicht mehr werden. Und wie es ist, darf es nicht bleiben.

WIEDERGUTWERDUNG OHNE WIEDERGUTMACHUNG. KNIEFÄLLE, REDEN UND ANDERE SYMBOLISCHE HANDLUNGEN

Vor einiger Zeit nahm ich an einer digitalen Podiumsdiskussion der University of British Columbia in Kanada teil. Bei solchen Events ist es mittlerweile üblich, sich anfangs dafür zu bedanken, dass die Veranstaltung auf dem Territorium der First Nations stattfinden darf. Denn Kanada wurde nach Lesart der kolonisierten Einwohner*innen des Landes niemals formal übergeben, sondern ist bis heute durch die kanadische Regierung besetzt. Irgendwie witzig, dachte ich: Steinmeier freut sich in Israel über das Wunder der Versöhnung, und in Kanada bedankt man sich dafür, an einem Ort tagen zu dürfen, den man sich einfach gewaltvoll angeeignet hat. Danke für das schöne Geschenk. Neben mir auf dem digitalen Panel saß der*die Mohawk-Aktivist*in Riel Dupuis-Rossi. Dupuis-Rossi erläuterte, dass der kanadische Staat bei aller Dankbarkeit weder einen angemessenen Aufklärungswillen noch die Bereitschaft zeige, tatsächlich Entschädigungszahlungen für erlittenes Unrecht zu leisten. Die aufgrund von Enteignung, Vertreibung und Mord entstandene Ungleichverteilung von Eigentum bestehe zusammen mit der strukturellen und individuellen Gewalt gegen Mitglieder der First Nations in der Gegenwart fort. Und zwar auch dann noch, wenn man sich für die Geschichte entschuldigt und dafür bedankt, auf ihrem Territorium eine Veranstaltung durchführen zu können.

In ähnlicher Weise ist in den vergangenen Jahrzehnten

auch hierzulande eine Reihe von Erfolgen auf symbolischer Ebene und in verschiedensten gesellschaftlichen Feldern zu verbuchen gewesen: von gendergerechter Sprache über Bekenntnisse gegen den Klimawandel bis zur rasanten Übernahme des Diversity-Labels in Institutionen, Organisationen und Firmen. Eine verbindende Idee hinter diesen Maßnahmen lautet, dass Sprache und Selbstbilder Realitäten schaffen, dass also die sprachliche und symbolische Sensibilität für gesellschaftliche Vielfalt auch zur Veränderung von Realitäten führt. Ganz falsch ist das nicht. Ganz richtig ist es aber auch nicht, denn viele der kritisierten Akteur*innen verstanden mit den Jahren, dass es ganz und gar nicht zwingend ist, dass symbolische Praxen auch strukturelle Veränderungen zur Folge haben müssen. Und so trifft man in der Gegenwart auf einen sich entschuldigenden, erinnernden und dankbaren Staat und eine entsprechende Gesellschaft, deren Handlungen auf symbolischer Ebene verbleiben. In Bezug auf die deutsche Erinnerungskultur bedeutet das: Reden, Kniefälle und Denkmäler sehen zwar gut aus, müssen aber nicht bedeuten, dass man auch real Verantwortung übernimmt.

Betrachten wir einmal die Ebene der Rechtsprechung, wie sie sich zuletzt der Göttinger Jurist Achim Doerfer in seinem 2021 erschienenen Buch *Irgendjemand musste die Täter ja bestrafen* vorgenommen hat.[29] Doerfer aktualisiert und erweitert noch einmal die These, die der Publizist Ralph Giordano 1987 prominent formulierte. Angesichts der ausgebliebenen juristischen und gesellschaftlichen Aufarbeitung der Shoah in der Bundesrepublik sprach er damals von einer »Zweiten Schuld«.[30] Doerfer geht davon aus, dass 200 000 bis 500 000 Deutsche und Österreicher*innen direkt an der nationalsozialistischen Mordmaschinerie beteiligt waren.[31] Zählt man die tatkräftig mitwissenden und unterstützenden Mitglieder der SS-Totenkopfverbände, der Waffen-SS, der SA, der Gestapo, der Mitarbeiter*innen im Sicherheitsdienst der NSDAP, beim Reichsführer der SS sowie im Reichssicherheitshauptamt hinzu, kommt man auf die beeindruckende Zahl von 1,35 Millionen Menschen, die an Organisation und Durchführung der Shoah mitgewirkt hatten.[32] Und dann sind da noch die Polizist*innen, Jurist*innen, Eisenbahner*innen, Mediziner*innen, die Angestellten der Zivilverwaltung und die vielen freiwilligen Denunziant*innen, die untergetauchte oder versteckte Juden und Jüdinnen an die Behörden verrieten. Ach so, und die vielen Firmen und Institutionen, die von der Zwangsarbeit und den Experimenten in den Konzentrationslagern profitierten, sollte man auch nicht vergessen.

Es gab also reichlich Fälle für die Gerichte. Das Problem ist nur, dass man diese Prozesse offenbar nicht führen wollte: Von den 1,35 Millionen Mörder*innen und ihren willigen Helfer*innen, die man hätte anklagen können, wurde in den westlichen Besatzungszonen und der Bundesrepublik insgesamt etwa 11 500 bis 12 000 Personen der Prozess gemacht.[33] Zahlen für die DDR sind aufgrund der politischen Einfärbung der Prozesse deutlich weniger belastbar, aber bis 1948 verurteilten sowjetische Militärtribunale circa 80 000 Menschen für ihre Mitarbeit mit den Nazis zu langjährigen Haftstrafen oder zum Tode.[34] Danach galt die Entnazifizierung offiziell als beendet. Mit Gründung der DDR 1949 sank die Zahl dieser Verfahren rapide, bis Ende 1989 kam es noch zu etwa 5000 Prozessen gegen mittelbar und unmittelbar Verantwortliche für die NS-Verbrechen.[35] Die politische Prägung der Justiz führte in der DDR allerdings auch dazu, dass unliebsame Personen manchmal als Naziverbrecher*innen verurteilt – und ehemalige NSDAP-Mitglieder und direkt für Verbrechen Verantwortliche in den Staatsdienst übernommen wurden, wenn sie der DDR-Führung nützten und ideologisch auf Linie waren.[36] Trotz all dieser Einschränkung kann man vermuten, dass die Erfassungsquote von Naziverbrecher*innen in der sowjetischen Besatzungszone und DDR gerade in den ersten Jahren weit über jener der BRD lag, wo die Gerichte kaum ein Prozent der Verantwortlichen belangten.[37] Eine rätselhaft geringe Quote, insbesondere für einen Rechtsstaat, in dem die Aufklärungsquote für Mord sonst bei deutlich über neunzig Prozent liegt. Rätselhaft auch angesichts der gesellschaftlichen Erzählung von einer vermeintlich vorbildlichen Aufarbeitung der Vergangenheit.

Nun könnte man zur Ehrenrettung vermuten, die Zahl dieser Prozesse hätte sich mit den Veränderungen in der westdeutschen Erinnerungskultur ab den 1970er Jahren erhöht. Tatsächlich aber verhielt es sich nahezu umgekehrt: Fast die Hälfte der NS-Urteile wurde von den westlichen Besatzungsmächten verhängt – und zwar bevor die Bundesrepublik 1949 ihre Souveränität erhielt; die andere Hälfte verteilt sich über die gut sieben Jahrzehnte, die seither ins Land gegangen sind. Doerfer spricht in diesem Zusammenhang von einem Versagen des jungen Rechtsstaates, der »unter politischem Druck und moralischer Verwahrlosung zu einer Karikatur von Justiz degeneriert[e] […] die nicht einmal das höchste aller Rechtsgüter – das menschliche Leben – achtete«. Dieses Versagen wurde von der Politik begleitet oder sogar aktiv befördert. Das offenbart auch ein zweiter Blick auf die bereits erwähnte Regierungserklärung Konrad Adenauers, die der frisch gewählte Bundeskanzler am 20. September 1949 vor dem Bundestag hielt. In ihr heißt es:

> Der Krieg und auch die Wirren der Nachkriegszeit haben eine so harte Prüfung für viele gebracht und solche Versuchungen, daß man für manche Verfehlungen und Vergehen Verständnis aufbringen muß. Es wird daher die Frage einer Amnestie von der Bundesregierung geprüft werden.[38]

Eine Passage, bei der einem fast die Tränen kommen – ob nun aus Ärger über diese Selbstgerechtigkeit oder aus Lachen über die Erbärmlichkeit des (west)deutschen Umgangs mit der individuellen und gesellschaftlichen Schuld. Adenauer kündigte damit an, dass es für bestimmte »Verfehlungen und Vergehen« einfach keine Strafverfolgung geben werde. Das setzte die Regierung wenige Monate darauf, am 31. Dezember 1949, mit dem »Gesetz über die Gewährung von Straffreiheit« in die Tat um. Das auch als *Amnestiegesetz* bekannte Gesetz versprach Straffreiheit für all jene Verbrechen, die vor der Wahl Adenauers begangen worden waren und mit bis zu einem halben Jahr Gefängnis belangt worden wären. Außerdem wurden alle noch nicht verbüßten Gefängnisstrafen von bis zu einem Jahr erlassen.[39] Allein das wäre schon ein bemerkenswerter Vorgang. Noch schlimmer wird die Sache, wenn man bedenkt, dass in den Fällen, in denen es tatsächlich zu Prozessen kam, die Angeklagten zumeist mit großer Milde behandelt wurden.

Es fällt also auch schwer zu behaupten, Adenauer habe den Gerichten mit dem Amnestiegesetz den Rücken frei halten wollen, um die wirklich großen Fische zu verurteilen – die KZ-Aufseher*innen, die Mitglieder der Erschießungskommandos, die anderen direkt am Mord Beteiligten. Entgegen der damals in der deutschen Bevölkerung häufig anzutreffenden Klage, dass die Entnazifizierung die kleinen Fische traf und die großen schwimmen ließ, markierte das »Gesetz über die Gewährung von Straffreiheit« zusammen mit einem weiteren Amnestiegesetz von 1954 das Ende der von den Alliierten angestrengten Entnazifizierung und den Beginn der Integration ehemaliger Nazis in den westdeutschen Staatsdienst. Die Opfer der Nationalsozialist*innen, die ja ebenfalls Teil der deutschen Gesellschaft waren, rückten damit immer weiter in den Hintergrund.

Der Jurist und Journalist Ronen Steinke hat sich 2021 mit dem Umgang deutscher Gerichte mit den Verbrechen der Shoah befasst. Er beschreibt, dass die Gerichte in den wenigen Prozessen, die stattfanden, für die gesamte Mordarbeit der Nationalsozialist*innen genau drei Täter ausmachten: Hitler, Himmler und Heydrich, während alle anderen letztlich als »willenlose Gehilfen« behandelt wurden.[40] Eine maximal entlastende Perspektive auf einen millionenfachen Mord, der ja von Menschen ausgeführt worden war. Das änderte sich erst mit dem Prozess gegen John Demjanjuk 2011, einen deutschen Kriegsgefangenen aus der Ukraine, der sich den Hilfstruppen der SS anschloss und im Vernichtungslager Sobibor als Teil der Wachmannschaften eingesetzt wurde. Am Ende des Prozesses verhängte das Landgericht München eine Freiheitsstrafe von fünf Jahren wegen Beihilfe zum Mord in 28 060 Fällen. Das Urteil wurde allerdings wegen Demjanjuks Alter ausgesetzt und am Ende nicht rechtskräftig.

Diese Situation ist beispielhaft für den Umgang deutscher Gerichte mit NS-Verbrechen. Zum einen traf das Urteil keinen Deutschen, was angesichts des Versöhnungstheaters vermutlich nicht ganz irrelevant ist, bei dem die Kritik immer dann am vehementesten ist, wenn sie das Narrativ der eigenen Wiedergutwerdung nicht infrage stellt. Zum anderen erfolgte der Umschwung in der deutschen Rechtsprechung zu einem Zeitpunkt, an dem fast alle Verantwortlichen für die Naziverbrechen bereits friedlich verstorben oder so alt waren, dass sie ihre Haftstrafe kaum noch antreten mussten. Eine späte Einsicht, die gelegen kommt, sollte man kein Interesse daran haben, dass die deutsche Erinnerungskultur reale Konsequenzen für die Verantwortlichen hat. Just saying.

Nun könnte man, wie gesagt, mit guten Gründen annehmen, dass sich die Strafverfolgung bereits Jahrzehnte früher, nämlich mit der zweiten Phase der Erinnerungskultur, intensivierte. Hatte der Kniefall Willy Brandts 1970 nicht ein neues Verhältnis der deutschen Gesellschaft zu ihrer eigenen gewaltvollen Vergangenheit markiert, in dessen Zentrum die Übernahme von Verantwortung gehörte? Aber leider blieb auch in den Jahren darauf eine systematischere und umfassendere Strafverfolgung von Naziverbrecher*innen aus. Was sich stattdessen änderte, war der Umgang mit den Verbrechen – statt Amnestie und Schweigen begann man auf staatlicher und gesellschaftlicher Ebene mit einem dem eigentlichen Wortsinn nach massiven Ausbau der symbolischen Ebene. Auf Gedenkstunden im Bundestag und Reden wie jene Weizsäckers am 8. Mai 1985 folgten die Gründung jüdischer Museen – als erstes eigenständiges jüdisches Museum eröffnete Bundeskanzler Helmut Kohl am 9. November 1988 das jüdische Museum Frankfurt am Main – und die Errichtung von Denkmälern, die an die Deportation und Vernichtung erinnerten.

Ein paar spektakuläre Prozesse und einzelne engagierte Personen wie der hessische Generalstaatsanwalt Fritz Bauer können also nicht darüber hinwegtäuschen: Die Bundesrepublik hielt ihr eigenes Versprechen nach 1949 nicht ein, für Gerechtigkeit zu sorgen oder die Geschichte ernsthaft aufzuarbeiten. Das bedeutet, dass die allermeisten Naziverbrecher*innen nicht nur unter Adenauer, sondern auch unter den darauffolgenden deutschen Regierungen weitgehend ungestört an ihre Karrieren anknüpfen und mit guten Pensionen ausgestattet in den Ruhestand gehen konnten. Als 1987 mit dem ehemaligen hochrangigen NSDAP-Juristen Gerhard Klopfer der letzte Teilnehmer der Wannsee-Konferenz 1942 starb, hieß es harmonisch in der Traueranzeige: »Wir trauern um Dr. jur. Gerhard Klopfer nach einem erfüllten Leben zum Wohle aller, die in seinem Einflußbereich waren.«[41]

Und damit zurück zum Einstieg in dieses Kapitel: Bedenkt man, dass die unterschiedlichen Phasen der Erinnerungskultur so gut wie keine Auswirkungen auf die Strafverfolgung hatten, erscheint die Erinnerungskultur in einem anderen Licht – als staatlicher und gesellschaftlicher Ausdruck guten Willens nämlich, der die Inszenierung der eigenen Wiedergutwerdung erlaubte, ohne die entsprechenden Konsequenzen ziehen zu müssen. Die Erinnerungskultur ermöglichte der deutschen Gesellschaft also das einmalige Kunststück, sich selbst in ein gutes Licht zu rücken, ohne dass Papa oder Opa am Ende doch noch ins Gefängnis musste, weil er Menschen beraubt, vergewaltigt oder erschossen hatte. Zwar signalisierten die ab den 1970er Jahren zunehmend sichtbaren symbolischen Handlungen eine Einsicht in die eigene Verantwortung, aber genau diese Handlungen garantierten zugleich, dass vieles so weitergehen konnte wie gehabt.

Und hier kristallisiert sich auch das Problem kritischer Strategien, die sich nur auf die symbolische Ebene konzentrierten: Denn statt als ernsthafter Ausdruck der eigenen Absichten dienten die großen Gesten der Erinnerungskultur als eine Reihe von Ersatzhandlungen, die es erlaubten, eine deutsche Identität nach 1945 von der Vergangenheit zu entlasten, ohne zugleich den Preis zu zahlen, den man für die Herstellung von Gerechtigkeit hätte zahlen müssen. Das Kunststück einer Wiedergutwerdung ohne Wiedergutmachung. Diese Wiedergutmachung aber wäre die Voraussetzung dafür gewesen, dass Deutschland zu einem neuen Verhältnis zu sich selbst findet. Dabei hätten Brandt und Weizsäcker sicherlich jegliche böse Absicht weit von sich gewiesen. Aber hier muss man doch einwenden, dass solcherlei Beteuerungen spätestens nach 1945 stets damit abgeglichen werden sollten, was eigentlich geschah. Und es geschah an den entscheidenden Stellen viel zu wenig.

Die Entkopplung von symbolischer Ebene und Realität wirkt sich auch auf die deutsche Wahrnehmung der Gegenwart aus. Am 19. Februar 2021 äußerte sich die damalige Bundeskanzlerin Angela Merkel zum ersten Jahrestag des rassistischen Attentats in Hanau: Die Anschläge von Halle und Hanau sowie die Ermordung Walter Lübckes hätten gezeigt, welche Gefahr von rechtem Terror ausgehe. Vermutlich war ich nicht allein, als ich mich angesichts dieser Einsicht fragte: Was hatte die Bundeskanzlerin denn vor den Angriffen gedacht? Dass rechter Terror harmlos ist? Dass er mit der deutschen Gewaltgeschichte nichts zu tun hat? Dass also alles endlich wieder so normal ist, wie es niemals war? Dass sie es eigentlich besser wissen müsste, wird deutlich, wenn man die Bilder betrachtet, die die Bundeskanzlerin 1992 im Gespräch mit jugendlichen Rechtsextremen zeigte, die sich an den Gewaltexzessen von Rostock-Lichtenhagen beteiligt hatten. Als Jugendministerin hatte Merkel damals das »Aktionsprogramm gegen Gewalt und Aggression jugendlicher Gewalttäter« ins Leben gerufen, was die Einrichtung eigener Jugendtreffs für Rechtsextreme vorsah. Das Programm war nicht nur Ausdruck der Verharmlosung rechten Terrors, wenig überraschend wurden die Jugendtreffs auch zu einem Dreh- und Angelpunkt für die rechtsextreme Szene. Auch die Mitglieder des NSU lernten sich in so einem Jugendtreff kennen.

Merkel hätte diese Lektion also schon in den 1990er Jahren lernen können, aber drei Jahrzehnte darauf entdeckte sie die Gefahr rechten Terrors noch einmal neu. Und damit ist sie beileibe nicht allein. Das permanente Neuentdecken der Gefahren rechter Gewalt ähnelt der Vergesslichkeit, die man Goldfischen nachsagt. Der landläufigen Meinung zufolge sind diese Tiere nicht imstande, sich Dinge zu merken, die länger als wenige Momente zurückliegen, weshalb sie ein Aquarium nur als Folge immer wieder überraschend im Weg stehender Glaswände wahrnehmen können. Ähnlich verhält es sich beim Umgang insbesondere konservativer Politiker*innen mit rechtem Terror. Dabei ist allen, die selber potentielle Opfer rechter Gewalt sind oder die sich auch nur ein wenig mit der deutschen Geschichte befasst haben, klar, dass die nazistische Ideologie auf die physische Vernichtung der als Feinde markierten Anderen zielt. Dafür muss man nichts lesen, keine Dokumentation schauen und kein Studium absolvieren. Ein Spaziergang mit Blick auf den Boden durch eine beliebige Stadt, in der es Stolpersteine gibt, genügt. Aber darum geht es ja gar nicht.

In der Rhetorik der Überraschung äußert sich das Selbstverständnis einer Gesellschaft in der Phase des Versöhnungstheaters, die so sehr von der eigenen Gutwerdung überzeugt ist, dass sie alles immer wieder neu lernen muss – und kurz darauf wieder vergisst. Dass dem trotz aller Vergesslichkeit eine Realität gegenübersteht, in der Menschen bis heute fürchten, dass die Polizei ihre Adressen an Nazis weitergibt, in der Sprengstoff aus den Beständen der Bundeswehr verschwindet und Faschist*innen Waffen und Munition für einen »Tag X« horten, scheint nicht weiter zu stören. Denn im Versöhnungstheater verwandelt sich die Erinnerung an die Gewaltgeschichte von einem Instrument der Kritik in eine Energiequelle für eine neue nationale Normalität. Es gibt ein Erinnern, das Vergessen bedeutet. Die deutsche Gesellschaft als Schwarz-Rot-Gold-Fisch, wenn man so will.

ISOLATIONSSTATIONEN DER GESCHICHTE. DIE NEUE ERINNERUNGS-ARCHITEKTUR

Meinen 33. Geburtstag feierte ich auf einem Kreuzberger Friedhof. Das klingt ein bisschen merkwürdig, aber wegen des Lockdowns war einfach alles andere geschlossen. Der einzige Freund, den ich dort traf, überreichte mir als Geschenk eine Kühltasche für die hoffentlich bald wiederkommenden uneingeschränkten Sekt-on-Ice-Sommerabende in Berliner Parks. Ich war so begeistert, dass wir an Ort und Stelle ein paar Fotos vom neuen Accessoire machten. Die Fotoreihe teilte ich auf Social Media, wo sich selbstverständlich sofort jemand aufregte, weil man im Hintergrund einen Grabstein erkennen konnte. Weil, immerhin lägen dort Tote. Und ich dachte mir: Aber Selfies am Mittelmeer sind okay? Und so ist das vielleicht wirklich: Hier die Toten, dort der Urlaub? Hier die Gedenktafel, dort der renovierte Altbau? Hier der Friedhof, dort der Strand? Erinnerungsorte markieren nicht nur die Stellen, an denen etwas geschehen ist. Sondern sie entlasten ihre Umgebung auch von dieser Erinnerung. Ein Effekt, den man mit einem englischen Begriff vielleicht als *containment*, also als Eindämmung oder Einhegung bezeichnen könnte.

Besonders gut lässt sich dieser Prozess des Containments an der sogenannten Neuen Berliner Mitte zwischen Alexanderplatz und Brandenburger Tor nachvollziehen, dem Epizentrum des politischen Deutschlands seit den 1990er Jahren. Das historische Grauen konzentriert sich am alten Hitlerbunker, über dessen Trümmern seit 2005 die Stelen des Denkmals für die ermordeten Juden Europas stehen. Keine zwei Kilometer weiter steht seit einigen Jahren die Fassade des nach historischem Vorbild wiedererrichteten Berliner Stadtschlosses als Ausdruck eines neuen positiven Verhältnisses der Gesellschaft zu ihrer eigenen Geschichte. Ich meine, dass dieses Stadtschloss ohne den Containment-Effekt des Holocaustmahnmals auf diese Weise niemals errichtet worden wäre. Schon zeitlich ging das eine dem anderen voraus. Der Entschluss für das Mahnmal fiel 1999, als der Bundestag sich für seine Errichtung nach dem Entwurf des Architekten Peter Eisenman entschied. Im Jahr 2002 wurde dann der Wiederaufbau der ehemaligen Residenz der deutschen Kaiser beschlossen, und zwar an der Stelle, an der ab 1976 der Palast der Republik der DDR gestanden hatte. Viel Kluges und Witziges ist über die Rolle geschrieben worden, die dieses neue Schloss als peinlicher ideologischer Gegenentwurf zur pluralen deutschen Gesellschaft spielt. Mich interessiert das Stadtschloss vor allem als Paradebeispiel für eine Erinnerungsarchitektur in Zeiten des Versöhnungstheaters.

Man hat nach 1945 nicht immer so frei von jedem Bewusstsein für die deutsche Gewaltgeschichte gebaut, wie es das Berliner Stadtschloss nahelegt. Die Frankfurter Paulskirche etwa wurde 1948 im Wissen um die Gleichzeitigkeit von Aufbruch und Zusammenbruch, von demokratischer Tradition und Totalitarismus gestaltet. Hundert Jahre vor Baubeginn hatte dort die Frankfurter Nationalversammlung getagt und mit der Paulskirchenverfassung einen Vorläufer des deutschen Grundgesetzes verabschiedet. 1944 wurde die Kirche dann bei einem Bombenangriff stark beschädigt und so auch zu einem Zeugnis der aggressiven Weltbeherrschungsfantasien Deutschlands. Diese Gleichzeitigkeit von demokratischem Aufbruch und Zerstörung wurde in die Gestaltung des Innenraums aufgenommen. (Wobei auch die Idee der Gleichzeitigkeit nicht präzise fasst, dass es sich bei der deutschen Demokratie- und Gewaltgeschichte eigentlich um ein *Ineinandergreifen* zweier Traditionen handelt, die sich nicht so ohne Weiteres isolieren lassen.) Auch die Gestaltung der Gedächtniskirche am Berliner Zoologischen Garten ist Ausdruck einer Phase der Erinnerungsarchitektur, in der das Nebeneinander von Zivilisierung und Gewalt, Zerstörung und Neubeginn noch Teil der Gestaltung war. 1895 als Kaiser-Wilhelm-Gedächtniskirche eingeweiht, wurde sie 1943 bei einem Luftangriff zerstört, blieb dann als Ruine stehen, bis sie 1963 nach den Plänen Egon Eiermanns als Westberliner Mahnmal gegen den Krieg umgestaltet und neu eingerichtet wurde. Auch dieses Konzept ist nicht ohne problematische Konnotationen, denn die Gewalt, die hier erinnert wurde, war das Ergebnis der alliierten Bombenangriffe und nicht der deutsche Angriffskrieg; aber immerhin war die Gewalt noch Teil der Konzeption.

Projekte wie das Berliner Stadtschloss zeigen, in welche Richtung sich eine staatliche Gedächtnisarchitektur seitdem weiterentwickelt hat. Die Konzeption früherer Entwürfe scheint dabei einer umfassenden Bejahung der deutschen Geschichte gewichen zu sein. Ein skandalöses Beispiel ist das seit einigen Jahren mit großer Kraft betriebene Projekt einer Wiedererrichtung der alten Potsdamer Garnisonskirche. Die Garnisonskirche, das sollte man dafür wissen, war einer der Orte, an denen deutsche Soldaten für den Ersten Weltkrieg eingesegnet wurden. Oder besuchen Sie einmal den neu gestalteten U-Bahnhof Friedrich-Wilhelm-Platz der

U9 in Berlin-Friedenau – dort wird den preußischen Kaisern in einer derart Foto-Love-Story-haften Art gehuldigt, dass man sich fragt, was von den letzten hundert Jahren hier unten eigentlich angekommen ist. Auf den überlebensgroßen Wandbildern lassen sich »Drei Kaisergenerationen« bewundern: ein Familienausflug 1861 mit fescher Kutsche, die Familie des Kronprinzen 1870, aufgestellt für den Fototermin, und schließlich Kaiser Wilhelm II. himself aus dem Jahr 1888. Und ich habe mir sagen lassen, der rekonstruierte Kaiserbahnhof Joachimsthal ist ebenfalls einen nostalgischen Ausflug wert. Das Berliner Stadtschloss selbst lässt sich natürlich auch nicht lumpen, was die Verehrung fragwürdiger deutscher Vorbilder angeht. So trägt es als architektonische Sahnehaube ein goldenes Kreuz auf der preußischen Pickelkuppel. Darunter findet sich die Rekonstruktion eines historischen Spruchbands:

> Es ist in keinem andern Heil, ist auch kein anderer Name den Menschen gegeben, denn in dem Namen Jesu, zur Ehre Gottes des Vaters. Dass in dem Namen Jesu sich beugen sollen aller derer Knie, die im Himmel und auf Erden und unter der Erde sind.

Diese aus zwei Bibelstellen zusammengesetzte Passage stammt aus der Feder des Preußenkönigs Wilhelm IV., der mit ihr 1844 das Gottesgnadentum und das Bündnis von Monarchie und Kirche beschwor. Der Monarch wollte damit auch die demokratischen Ansprüche der sich anbahnenden Revolution von 1848/49 zurückweisen. Jene demokratischen Ziele also, die in der Frankfurter Paulskirche ihren ersten verfassungsgemäßen Ausdruck fanden und die dann in Teilen für die Verfassung der Weimarer Republik und für das westdeutsche Grundgesetz nach 1945 wichtig wurden. Und das ist doch ein interessanter Widerspruch. Nun könnte man einwenden, dass die Demokratiefeindlichkeit seiner vormaligen Bewohner keine Rolle spielen sollte, wenn ein demokratischer Staat das Schloss eines gewesenen Herrschers wiederaufbaut. Oder man stimmt dem Publizisten Georg Diez zu, der trocken kommentiert: »Welche Demokratie baut schon ein Schloss?«[42] Aber selbst wenn man es entspannter sieht, bleibt erklärungsbedürftig, welches Selbstbild sich in derartigen Neubauten ausdrückt. Und dieses Selbstbild brachte der damalige Bundestagspräsident Wolfgang Thierse anlässlich des Bundestagsbeschlusses für die Errichtung des Stadtschlosses am 4. Juli 2002 folgendermaßen auf den Punkt:

> Wer, so möchte ich fragen, käme wohl in einem unserer Nachbarländer mit jahrhundertealter Kultur auf die Idee, das Ernstnehmen der Vergangenheit gerade darin zu suchen, »mit den Verlusten zu leben«, also die offene Wunde der historischen Mitte Berlins verewigen zu wollen [...]?[43]

Der Enthusiasmus Thierses für das Schließen der Wunde durch die Rekonstruktion historischer Bauwerke markiert einen erinnerungskulturellen Umschwung, der sich seit 1990 zunehmend beschleunigt hat. Er ist von der Euphorie der nationalen Vereinigung motiviert und von der Fantasie einer positiven nationalen Kulturgeschichte getragen, die sich von der schlechten deutschen Politik trennen ließe.[44] Und angesichts der politischen ost-west-deutschen Allianz lässt sich hier vielleicht sogar vom ersten gesamtdeutschen Projekt sprechen. Ganz im Sinne Aleida Assmanns verkündet Thierse dabei die Identifikation mit der Nation und ihrer »jahrhundertealte[n] Kultur« als selbstverständliche Perspektive auf die deutsche Vergangenheit. Selbstverständlich ist daran vor allem, dass dieser Umgang mit Vergangenheit nicht ohne Alternative ist, mir fallen etwa die Verse aus dem Gedicht von Nelly Sachs ein, die dieses Buch einleiten. Ihr 1949 erschienenes Gedicht *Chor der Tröster* endet mit folgenden Versen:

Zwischen Gestern und Morgen
Steht der Cherub
Mahlt mit seinen Flügeln die Blitze
der Trauer
Seine Hände aber halten die Felsen
auseinander
Von Gestern und Morgen
Wie die Ränder einer Wunde
Die offenbleiben soll
Die noch nicht heilen darf.[45]

Aber davon lassen sich Vertreter*innen des Versöhnungstheaters nicht weiter beirren. Thierses Haltung findet ihr Echo in einer Rede der bereits erwähnten Monika Grütters, damals Staatsministerin für Kultur und Medien, vom September 2016. Grütters monierte ein vermeintliches erinnerungskulturelles Unvermögen Deutschlands, »freudigen und hoffnungsvollen, im positiven Sinne prägenden historischen Ereignissen in Deutschland ein Denkmal zu setzen«.[46] Und auch Bundespräsident Frank-Walter Steinmeier befand in einem Gastbeitrag, der drei Jahre später, im März 2019, unter dem programmatischen Titel »Deutsch und frei« in der *Zeit* erschien, dass Deutschland eine positivere Erinnerungskultur brauche. Als Beispiel nannte er nicht nur die geplante Umgestaltung der Frankfurter Paulskirche, um die es auch schon Grütters gegangen war, sondern auch die Erinnerung an das sogenannte Stauffenberg-Attentat vom 20. Juli 1944.[47] Ich komme darauf zurück.

Entscheidend an diesen Beispielen ist, dass alle genannten Personen eine Verbindung zwischen der deutschen Erinnerung an den Nationalsozialismus und einem positiven Bezug auf die deutsche Geschichte herstellen. Man muss sich das immer wieder vor Augen führen: Die deutsche Erinnerungskultur der vorangegangenen Jahrzehnte mit ihren jüdischen Museen, Gedenktagen, Kniefällen und Holocaustmahnmalen wird dabei zur Grundlage einer Versöhnung mit der deutschen Geschichte erklärt. So war das doch nicht gemeint – oder? Die Logik des Versöhnungstheaters lautet jedenfalls: *Weil* wir so intensiv an die »negativen« Seiten der deutschen Geschichte erinnert haben, dürfen wir nun auch ihre »positiven« Aspekte zelebrieren. Und wir dürfen nicht nur, wir müssen sogar: weil eine Gesellschaft positive Orte der Erinnerung braucht, wie Grütters glaubt, und weil die offene Wunde geschlossen werden muss, wie Thierse behauptet. Und so wird die Instrumentalisierung der Erinnerungskultur zur ersten Bürgerpflicht. Ein Teil dieses Denkens ist die Unterscheidung des öffentlichen Raumes in Orte der schlechten und Orte der guten deutschen Geschichte. Denn das Containment der Gewalt ist die Voraussetzung für die Rekonstruktion einer positiven deutschen Geschichte.

Eine Besonderheit dieser Entwicklung innerhalb der deutschen Erinnerungskultur ist, dass es sich dabei nicht um eine klassische Form der Verdrängung handelt. Verdrängung würde ja bedeuten, dass man Gewalt ausblendet oder einfach nicht zugibt, dass sie stattgefunden hat. Wir kennen das aus anderen Genozidvergangenheiten, etwa in der Türkei, vom polnischen Umgang mit eigenen antisemitischen Traditionen oder der Ignoranz gegenüber der Gewaltgeschichte des britischen Kolonialismus, die anlässlich des Todes der Queen 2022 wieder in voller Aktion zu beobachten war. Im deutschen Fall verhält es sich völlig anders, denn mit dem Versöhnungstheater wird die eingestandene Gewaltgeschichte selbst zum Ausgangspunkt für eine Neuerzählung der deutschen Geschichte. Weil wir so gut erinnert haben, dürfen wir uns jetzt auch ein Stadtschloss bauen. Gedenkorte wie das Holocaustmahnmal erfüllen dabei die Funktion, die Erinnerung an die gewaltvolle Geschichte zugleich zu bewahren und abzugrenzen gegen den Rest des städtischen Raums. Teutonischen Blitzableitern gleich entlasten sie ihre Umgebung von der Dauerpräsenz der Gewalt.

Augenscheinlich sind Grütters, Steinmeier, Thierse und alle die anderen, die ihre Sehnsucht nach einer positiven Nationalgeschichte mit der deutschen Erinnerungskultur verknüpfen, so überzeugt von den eigenen guten Absichten, dass einem die Ähnlichkeit zu Gaulands viel gescholtener Vogelschiss-Rede gar nicht mehr auffällt. Der AfD-Politiker sagte am 2. Juni 2018 bekanntlich Folgendes und löste damit landesweit Aufregung aus:

> Ja, wir bekennen uns zu unserer Verantwortung für die zwölf Jahre. Aber, liebe Freunde, Hitler und die Nazis sind nur ein Vogelschiss in unserer über tausendjährigen Geschichte. Und die großen Gestalten

> der Vergangenheit von Karl dem Großen über Karl V. bis zu Bismarck sind der Maßstab, an dem wir unser Handeln ausrichten müssen. Gerade weil wir die Verantwortung für die zwölf Jahre übernommen haben, haben wir jedes Recht, den Stauferkaiser Friedrich II., der in Palermo ruht, zu bewundern.[48]

Fragte man die Beteiligten nach ihren eigenen Absichten, würden sie diese argumentative Verwandtschaft vermutlich weit von sich weisen und beteuern, dass sie mit der AfD und deren Geschichtsrevisionismus nun wirklich nichts zu tun haben wollten. Was sicher richtig ist, ich unterstelle keine Lügen. Vielmehr ist das Auseinandertreten von Selbstbild und Realität, von Verantwortung und symbolischer Handlung so sehr Kern des Versöhnungstheaters, dass es einem nicht einmal mehr auffällt, wenn man die Arbeit der neualten Rechtsradikalen gleich miterledigt.

STAUFFENBERG ODER DIE VERLORENE UNSCHULD DER NEUEN BERLINER MITTE

Politische Gewalt entsteht nicht von selbst. Sie ist weder das Ergebnis von Naturgesetzen noch der allgemeinen Boshaftigkeit des Menschen. Gewalt entsteht Schritt für Schritt als eine Entscheidung, die jede*r Einzelne trifft und die ein Staat sanktionieren kann oder eben nicht. Wenn am Ende Geflüchtetenunterkünfte brennen, Personen in Polizeigewahrsam unter ungeklärten Umständen sterben oder eine Naziterrororganisation ein Jahrzehnt lang Menschen ermordet, dann ist diese Gewalt ermöglicht worden. Auch wenn die Verantwortlichen in den Behörden und der Politik beteuern, dass sie einfach nur ihren Dienst versehen haben: Gewalt ist Ausdruck eines konkreten Versagens, konkreter Verstrickungen, konkreter Kompliz*innenschaften, die da anfangen, wo Ermittler*innen wegschauen, wo sie sich nicht erinnern können, wo Akten verschwinden und keiner von irgendetwas gewusst haben will. Und auch Berliner Stadtschlösser, Frankfurter Innenstädte, jüdische Friedhöfe, Schulen und Synagogen restaurieren sich nicht von selbst. Dafür braucht es Geld, politischen Willen, eine Fantasie davon, was die Gesellschaft braucht, und eine Vision, wie das am Ende aussehen soll. Auch im erinnerungspolitischen Kontext gibt es also keine Tat ohne Verantwortliche und Unterstützer*innen. Und ihre Betrachtung kann Auskunft darüber geben, wessen Bedürfnisse eigentlich bedient werden.

Wenige Monate nach der Einweihung des Stadtschlosses 2021 stellte sich heraus, dass es sich bei einigen der Großspender*innen des Humboldt Forums, die ab einer Million

Euro mitsamt Porträt auf Tafeln geehrt werden, um bekennende Rechtsradikale und Antisemit*innen handelte. Als Erster geriet Ehrhardt Bödecker in den Fokus, der vor seiner Spende mit revisionistischen Thesen aufgefallen war und auch sonst all das getan hatte, was man von einem Fan des historisierenden Wiederaufbaus eines zentralen preußischen Herrschaftsgebäudes so erwartet: Er schrieb für die *Junge Freiheit*, hielt Reden bei der ideologischen Kaderschmiede der AfD, dem sogenannten Institut für Staatspolitik in Sachsen-Anhalt, und gründete nach seiner Pensionierung im brandenburgischen Wustrau ein eigenes kleines Museum mit dem charmanten Namen »Brandenburg-Preußen-Museum«. In seinen Texten klingt aber nicht nur Preußenbegeisterung durch, es finden sich auch antisemitische Versatzstücke wie jenes, dass die heutige deutsche Erinnerungskultur Ergebnis der jüdischen Gedanken der Frankfurter Schule sei. Von seiner Familie hat scheinbar nie jemand einen Text von ihm gelesen, zumindest zeigte man sich überrascht, als der Kasseler Architekturprofessor Philipp Oswalt in einem Artikel 2021 auf die Umtriebe des Patriarchen hinwies.[49]

Ich könnte so eine familiäre Ignoranz sogar nachvollziehen, wer will schon etwas mit dem alten Naziopa zu tun haben. Umso mehr wäre allerdings zu erwarten gewesen, dass Bödeckers Fall die Verantwortlichen im Humboldt Forum aufgeschreckt hätte. Doch während der Stiftungsrat aktiv wurde, schien der Förderverein des Berliner Stadtschlosses nicht einmal interessiert an weiterer Aufklärung. Wilhelm von Boddien, Initiator und Geschäftsführer des Fördervereins, kommentierte die Causa Bödecker nach Oswalts Artikel folgendermaßen: »Wir haben auf bürgerliche Reputation geachtet, nicht auf politische Einstellungen.«[50]

Da kann man ja richtig froh sein, dass bürgerlich und rechtsextrem sich grundlegend ausschließen! Und nochmal ohne Ironie: Diese Aussage demonstriert einmal mehr, dass die Idee, Bürgerlichkeit könne den Fortbestand von Demokratie, Rechtsstaatlichkeit und Meinungsfreiheit garantieren, das Unvermögen miteinschließt, bürgerlichen Rechtsextremismus zu problematisieren oder auch nur wahrzunehmen. Auf bürgerliche Reputation zu achten heißt dann eben auch, man achtet nicht auf die politische Einstellung, weil bürgerlich als Synonym für Rechtsstaatlichkeit und Demokratie dient. Selbst wenn ein Rechtsextremist direkt vor einem steht oder ein paar Millionen Euro überweist. Vielleicht gerade dann.

Der Fall rechtsradikaler Spender*innen für das Stadtschloss kann also getrost unter Hufeisenparadigma und Schwäche des Konzeptes einer bürgerlichen Mitte abgeheftet werden. Zugleich ist es ein Paradebeispiel für das Versöhnungstheater, weil diese Entlastung eng mit dem Selbstbild verknüpft ist, das sich in der deutschen Erinnerungskultur ausdrückt und von ihm mit erzeugt wird. Das lässt sich auch daran ablesen, dass das Humboldt Forum ausgerechnet am 20. Juli 2021 eröffnet wurde, dem Tag des sogenannten Stauffenberg-Attentats. Zeit, sich diesen westdeutschen Posterboy des Widerstands gegen die Nazis einmal genauer anzuschauen.

Claus Philipp Maria Schenk Graf von Stauffenberg stammte aus einem schwäbisch-fränkischen Adelsgeschlecht. Als junger Mann war er Fan der Gedichte Stefan Georges, unterstützte die völkische Politik der NSDAP sowie Hitlers Ernennung zum Reichskanzler 1933 und stieg in den Rängen der

Wehrmacht bis zum Stabschef beim Befehlshaber des Ersatzheeres auf. Nach dem Einmarsch in Polen drückte er in einem Brief vor allem Verachtung über die Bevölkerung aus, die er dort antraf: »sehr viele Juden und sehr viel Mischvolk. Ein Volk, welches sich nur unter der Knute wohlfühlt«.[51] Gegen den Nationalsozialismus scheint er keine grundlegenden Einwände gehabt zu haben, solange Deutschland den Krieg gewann. Das erklärt auch, warum Stauffenberg erst nach der Niederlage von Stalingrad zu der Überzeugung gelangte, dass Hitler den Verstand verloren hatte. Hätte man ja auch früher draufkommen können. Und plötzlich sah es auch mit den Welteroberungsplänen nicht mehr so rosig aus. Jetzt erst schloss sich Stauffenberg mit etwa zweihundert Mitverschwörer*innen zu einem Widerstandskreis zusammen und entwickelte das Konzept für eine neue Regierung. Vorher musste nur noch der Gröfaz aus dem Weg geräumt werden. Nach zwei gescheiterten Anläufen wurde das Attentat schließlich am 20. Juni 1944 umgesetzt. Unter einem Planungstisch, an dem man sich für eine Besprechung zusammengefunden hatte, platzierte Stauffenberg unauffällig eine Aktentasche, in der sich eine Kofferbombe mit Zeitzünder befand, und verließ unter einem Vorwand den Raum. Die Bombe explodierte, Hitler segelte durch die Luft, prellte sich ein paar Rippen, aber überlebte unglücklicherweise.

Ein guter Freund schlägt vor, Stauffenberg & Co. angesichts dieser Geschichte nicht als Widerständler, sondern als »Arsch-auf-Grundeis-Geher« zu bezeichnen. Ich finde das sinnvoll, würde aber trotzdem festhalten: Stauffenberg ist ein gutes Beispiel für das Widerstandspotential, das in Deutschland in geringem Maße auch innerhalb der völkisch und aristokratisch eingestellten Bevölkerungsteile existierte. Die Motivation war nur eine völlig andere als, sagen wir mal, die von jüdischen, kommunistischen oder manchen christlichen Widerstandskämpfer*innen. Nun klingt völkisches Widerstandspotential vielleicht etwas ungewohnt, tatsächlich existierten selbst in der NSDAP grundlegende Meinungsverschiedenheiten. So gab es eine Gruppe um Otto Strasser, die Gandhis gewaltlosen Widerstand unterstützte und 1930 den etwas eigenartigen Text »Die Sozialisten verlassen die NSDAP« verfasste und sich als *Schwarze Front* abspaltete.[52] Selbst ein überzeugter Militarist, Antisemit und konservativer Revolutionär wie Ernst Jünger war kein unkritischer Begleiter der Nazis. In den Jahren vor 1933 kritisierte er die NSDAP mehrfach – weil sie ihm nicht radikal genug war. Die Machtübernahme Hitlers begrüßte er dann zwar und sagte sogar seine Mitarbeit am neuen Staat zu, ging aber bald auf Distanz und veröffentlichte mit *Auf den Marmorklippen* 1939 eine behutsame, literarisch überformte Kritik an den neuen Machthabern.[53]

Wie schon für Stauffenberg war Jüngers Problem nicht, dass die Nazis Angst und Schrecken verbreiteten und sich anschickten, alle Menschen zu verfolgen und umzubringen, die nicht ihrer Vorstellung entsprachen. Denn das ließ sich mit seinem Weltbild von Stärke und Mannhaftigkeit gut vereinbaren. Jüngers Problem scheint vielmehr gewesen zu sein, dass die neuen Herrscher nicht seine Ideale einer deutschen Revolution erfüllten. Der Autor, der mit einem kriegsverherrlichenden Buch über den Ersten Weltkrieg berühmt geworden war, wünschte sich die Machtübernahme durch den Nationalsozialismus epischer, ästhetischer, einfach stahlgewittriger. Der eigenen Legendenbildung nach führte ihn dieser Wunsch sogar auf ein Pariser Hausdach, auf dem er ein Glas Burgunder mit Erdbeeren schlürfend zuschaute, wie die Stadt der Liebe bombardiert wurde.

Die Herausforderung ist nicht so sehr, zu verstehen, warum die Stauffenberg-Verschwörer Hitler aus dem Weg räumen wollten. Die Frage ist vielmehr, weshalb ihr Namensgeber im Zuge der Wiederbewaffnung der Bundeswehr zu einer Ikone des Widerstands in der BRD wurde.[54] Bis heute beziehen sich Politiker*innen gern auf Stauffenberg, nicht zuletzt Bundespräsident Steinmeier, als er den 20. Juli als positives Datum der deutschen Demokratiegeschichte anführte.[55] Und Ernst Jünger wiederum gehört neben dem Antisemiten und Pompkomponisten Richard Wagner nicht selten zu den Lieblingskünstlern bürgerlicher Kids, die auch mal die Grenzen des demokratischen Geschmacks überschreiten wollen. Edgy. Der Journalist Simon Strauß etwa, Sohn des notorischen Bothos gleichen Nachnamens, der mit seinem Pamphlet *Anschwellender Bocksgesang* den neudeutschen Nationalismus vokabularisieren half, sagte in einem Radiogespräch mit Sasha Salzmann 2017, man müsse doch wohl noch Jünger lesen dürfen![56] Ja, klar darf man. Die Frage ist nur: Warum will man?

Widerstand ist nicht gleich Widerstand. Die einen wollen verfolgte Menschen, eine Partei oder die Demokratie retten, die anderen haben ein ästhetisches Problem mit dem Faschismus oder finden es einfach doof, dass Deutschland den Krieg verliert. Aus dieser Vielfalt möglicher Motivationen könnte man schließen, dass Widerstand immer noch einmal daraufhin befragt werden sollte, ob er sich als Vorbild für die Gegenwart eignet. Diese Befragung scheint für viele gar nicht so einfach zu sein. Und das hat hausgemachte Gründe. Denn das bürgerliche Deutschland sucht ums Verrecken nach einer Erzählung, die es ihm erlaubt, sich in der Gegenwart so zu verhalten, als hätten die bürgerlichen Kräfte Hitler verhindert, während sie ihm doch eigentlich zur Macht verholfen haben. Ergebnis dieser Suche nach einer Geschichte, die es nicht gegeben hat, ist die Überhöhung von Widerstandsbeispielen, die sich bei genauerem Hinsehen als zweifelhafte Bezugspunkte für die plurale Demokratie herausstellen. Und weil man vermutlich selbst weiß, wie fragwürdig und lückenhaft der bürgerliche Widerstand in Wirklichkeit gewesen ist, schaut man lieber nicht so genau hin und tut stattdessen so, als wäre jeder Widerstand irgendwie gleich gut.

Vor dieser historischen Wunschkulisse ist die Eröffnung des Berliner Preußenschlosses an Stauffenbergs 20. Juli ein moderner Klassiker der bürgerlichen Dramaturgie von Wohlmeinen und Nicht-so-genau-Hinsehen. So kommt es wohl auch, dass die Spende Bödeckers kein rechtsradikaler Einzelfall blieb. Unter den Großspendern für das Stadtschloss findet sich zudem der 2007 verstorbene Rudolf-August Oetker, bekannt aus dem Joghurtregal Ihres Vertrauens. Der wurde 1933 Mitglied der Reiter-SA, bevor er ab 1942 als Mitglied der Waffen-SS an der Ostfront im Einsatz war. Kein Mitläufer also, sondern ein aktiver Mittäter in der Mordmaschinerie des Nationalsozialismus – Stauffenberg ohne Widerstand, wenn man so will. Darüber hinaus konnte der bereits erwähnte Architekt Philipp Oswalt eine ganze Reihe personeller Überschneidungen zwischen der Liste von Großspendern für das Stadtschloss und rechtsradikalen Kreisen nachweisen.[57] Auf einer Spendentafel etwa steht der Name des Herausgebers der rechten Zeitung *Junge Freiheit*, Dieter Stein. Letzterer formulierte den Grund für seine Unterstützung einer Rekonstruktion des Preußenschlosses bereits 2005 wie folgt:

> Die Widerstände der deutschen Neurose sind zu brechen! Ein ganz neuer Enthusiasmus kann das Land erfassen, sich der Wiederherstellung wenigstens der Kerne der geschundenen deutschen Altstädte und Residenzen zuzuwenden und damit der Gesundung der deutschen Identität. Deutschland braucht eine architektonische Renaissance, die die Seele seiner Städte und damit die Seele aller Deutschen gesunden läßt. Packen wir es an![58]

Viel ist in den vergangenen Jahren darüber diskutiert worden, wie man damit umgehen solle, dass die ethnologischen Sammlungen, die im Humboldt Forum zusammengefasst sind, nicht selten Ergebnis von Raub und Mord in deutschen Kolonien waren. Zentral für diese Diskussion ist die Frage, wie die Objekte eigentlich in die Sammlungen gekommen sind. Den Versuch einer Klärung dieser Herkünfte nennt man Provenienzforschung. Es scheint so, dass auch die Gelder, die zentrale Bauabschnitte des neuen Stadtschlosses ermöglicht haben, aus Quellen stammen, denen ein wenig Nachforschung guttäte. Augenscheinlich hat das Humboldt Forum nicht nur ein Provenienzproblem in Bezug auf die Objekte seiner Sammlung, sondern auch ein Problem mit den finanziellen Mitteln, die die eigene Existenz überhaupt erst ermöglicht haben.

Auch hier zeigt sich der Förderkreis des Stadtschlosses maximal uneinsichtig. Sein Vorsitzender Richard Schröder nimmt sogar die Spender von AfD und *Junger Freiheit* gegen Kritik in Schutz und spricht von einem Aufruf zur Gesinnungsprüfung, wie er sonst nur »von der Inquisition oder totalitären Regimen« gepflegt werde.[59] In derselben Ausgabe der Postille des Fördervereins Berliner Schloss namens *Berliner Extrablatt* aus dem Mai 2022 ist gar von einem »Kulturkampf« die Rede, einem »überhitzten Säkularismus«, der das Christentum und mit ihm die abendländische Identität angeblich aus dem »öffentlichen Raum verdrängen« wolle.[60] Drunter machen wir's nicht im Abendland.

Nun geht es bei der Kritik an Bödecker nicht um irgendeine Gesinnungsprüfung, sondern um dessen Relativierung von Shoah und Antisemitismus, wie auch Oswalt unterstreicht.[61] Beides sind strafrechtlich relevante Handlungen, die mit Meinungsfreiheit nicht mehr zu tun haben als ein Raubüberfall mit Konsumfreiheit. Unbeirrt von dieser eigenen Ungenauigkeit gibt sich der Förderverein Berliner Schloss als Kämpfer gegen eine »Radikalmoderne«. Als »bedrückende[s] Beispiel« verweist man auf den Architekten Daniel Libeskind, dessen Entwurf für den Umbau des barocken Kollegienhauses der königlichen Justizverwaltung als Teil des Jüdischen Museums das ursprüngliche Gebäude »seiner historischen Innenarchitektur beraubt« habe.[62] Ist bestimmt nur ein Zufall, dass Libeskind Jude ist. Und auch Schloss-Initiator Boddien schreibt 2022, nachdem er zuvor auf die bürgerliche Reputation seiner rechtsradikalen Spender verwiesen hatte, nur noch von »angeblich rechtsradikalen Spendern«.[63] Die Verharmlosung von Antisemiten und Shoah-Relativierern im Umfeld des Stadtschlosses ist also in vollem Gange.[64] Aber hey, wer einen völkischen Nationalisten wie Stauffenberg als Sternstunde der deutschen Demokratiegeschichte anführt, der braucht sich auch über die Verharmlosung von Antisemitismus und völkischem Denken nicht weiter zu wundern.

Mit der Diskussion um das Stadtschloss bekommt die Öffentlichkeit aufgetischt, was ihre Repräsentant*innen ohnehin niemals ernsthaft untersuchen wollten: die ideologische Komplizenschaft zwischen Bürgertum und Nationalsozialismus, zwischen Romantik und völkischem Denken, zwischen preußischem Militarismus, der Selbstüberschätzung Kaiser Wilhelms II. und den Welteroberungsplänen der Nazis. Die Erinnerungskultur wird dabei zu einer Brücke, die eine gewaltvolle deutsche Vergangenheit mit den Wünschen nach Normalisierung und Wiedergutwerdung verbindet. Einmal mehr wird dabei deutlich, dass das Versöhnungstheater diese Gegenwart von einer kritischen Reflexion entlastet, anstatt danach zu fragen, inwiefern auch Traditionen aufgegriffen und fortgeschrieben werden, die besser Vergangenheit bleiben sollten. Selbstverständlich vermag diese Entlastung nicht, die Geschichte zu verändern, die wirklich stattgefunden hat; aber das ist auch gar nicht nötig, man biegt sie sich einfach zurecht – bürgerlicher Widerstand gegen die Nazis? Wir haben doch Stauffenberg als Vorläufer der deutschen Demokratie. Ein gutes Preußen? Wir rekonstruieren einfach das Stadtschloss und setzen die ethnologischen Sammlungen rein und labeln das als Zeichen der Weltoffenheit. Zerstörte Innenstädte? Wir rekonstruieren ein mittelalterliches Fachwerk-Disneyland und sagen, das ist notwendig für die nationale Identität.[65]

Bei aller symbolischer Aktivität bleibt der Befund: Zwar hat sich Deutschland in den vergangenen Jahrzehnten als wohlmeinender, dankbarer und versöhnlicher Staat neu *erfunden*, zu diesem Staat *geworden* ist es dabei nicht. Folge dieses Auseinandertretens von nationalem Selbstbild und Realität ist, dass sich am Ende keine*r so richtig erklären kann, auf welche Weise ein revisionistisches Projekt wie das Stadtschloss überhaupt zustande kommen konnte. Doch auch hier bleibt Realität: Am 4. Juli 2002 stimmten von 589 Anwesenden lediglich 62 Abgeordnete des Deutschen Bundestages gegen den Beschluss für das Berliner Stadtschloss. Sechs weitere enthielten sich der Stimme. 523 Abgeordnete stimmten dafür. Da war das Versöhnungstheater bereits in vollem Gange.

IDENTITÄTSPOLITIK VS. UNIVERSALISMUS? VON FALSCHEN GEGENÜBERSTELLUNGEN

Am 25. Februar 2021 gab Wolfgang Thierse dem Deutschlandfunk ein Interview. Anlass war ein Text, den der Bundestagspräsident a. D. kurz zuvor in der FAZ veröffentlicht hatte und in dem er sich mit einem Phänomen kritisch auseinandersetzte, das er als Identitätspolitik bezeichnete. Ich formuliere das bewusst vorsichtig, denn die Beispiele, an denen Thierse seine Kritik festmachte, bezogen sich alle auf Diskussionen um Diskriminierung, sodass es unter Umständen eigentlich um Diskriminierungskritik ging. Eine Unschärfe, die zu Diskussionen über das Thema gegenwärtig leider dazugehört.[66] Der Artikel erschien im Nachklapp einer Debatte um die Initiative *Act Out*, ein Statement lesbischer, schwuler, bi, trans*, queerer, inter und non-binärer Schauspieler*innen gegen Diskriminierung im Film- und Theaterbetrieb, das Anfang 2021 erschienen war.[67] Thierse warnte vor den Gefahren einer Identitätspolitik von rechts, wies aber zugleich die linke Version zurück – während erstere eine Homogenisierung der Gesellschaft anstrebe, gehe es linker Identitätspolitik darum, gesellschaftliche »Diversität [...] zum Ziel aller sozialen und kulturellen Anstrengungen zu erhöhen«.[68] Eine Gesellschaft brauche Thierse zufolge nicht nur Vielfalt, sondern hege auch »das Bedürfnis nach sozialer und kultureller Beheimatung«.[69] Wenig überraschend für einen flammenden Befürworter des Stadtschlosses hält Thierse das für eine Tatsache, die abzustreiten »elitäre, arrogante Dummheit« sei.[70]

Eine Kritik an der Benennung von Straßennamen, der Existenz bestimmter Denkmäler oder der Errichtung von Stadtschlössern bezeichnet Thierse als demokratiegefährdend. Denn diese Kritik – und hier läuft er langsam warm – sei eine Form der »Reinigung und Liquidation von Geschichte«, die »bisher Sache von Diktatoren, autoritären Regimen, religiös-weltanschaulichen Fanatikern« gewesen sei.[71] Ein wenig liest sich das wie ein Beitrag aus jener Ausgabe des *Berliner Extrablatts*, mit der sich der Förderverein des Berliner Stadtschlosses ein knappes Jahr später gegen eine Kritik an seinen rechtsradikalen Spendern verwahrte. Angesichts des Hinweises auf Straftaten wie die Leugnung der Shoah durch einzelne Geldgeber sprach man dort von linker Gehirnwäsche, Kulturkampf und einer Bedrohung der Meinungsfreiheit. Kurz gesagt: einer Bedrohung der Demokratie von links. Seine eigene Position spezifizierte Thierse im erwähnten Radiointerview wie folgt:

> [U]nsere Tradition seit der Aufklärung ist doch die, nicht die Betroffenheit, nicht das subjektive Empfinden darf entscheidend sein, sondern das vernünftig begründende Argument, das muss uns miteinander verbinden, das muss den Diskurs strukturieren.[72]

Thierses Gegenüberstellung lautet also: auf der einen Seite Leute wie er selbst, die so gut wie möglich alle Menschen im Blick haben und vernünftige Urteile fällen. Auf der anderen Seite jene, die Partikularinteressen verfolgen und subjektiv und emotional argumentieren. Linke Identitätspolitik ist Thierse zufolge demokratiefern oder gar eine Bedrohung für die Demokratie, weil sie für partikulare Interessen eintrete und die Gesellschaft spalte. Und ihm geht es dabei um nicht weniger als das Erbe der Aufklärung, das er als Universalismus bezeichnet.

Ich denke, es ist sinnvoll, diesen Maßstab einmal probeweise an einen von Thierses eigenen Punkten anzulegen, beispielsweise dem Argument, bei einer Kritik an Straßennamen, Denkmälern oder aktuellen Bauwerken handle es sich um eine Form der »Reinigung und Liquidation von Geschichte«. Wie sieht es denn mit Bauprojekten wie dem Berliner Stadtschloss aus, das ja an der Stelle des alten Palasts der Republik steht, oder der Rekonstruktion der Frankfurter Innenstadt, die ja nicht zufällig zerstört und dann nach historischem Vorbild wiederaufgebaut worden ist. Wendet man hier dieselben Regeln an, die Thierse für eine Kritik linker Diskriminierungskritik formuliert, handelt es sich doch auch bei diesen Beispielen um astreine Fälle der »Reinigung und Liquidation von Geschichte«. Seltsam, dass ihm das nicht auffällt, zumal er das knapp zwei Jahrzehnte zuvor gewissermaßen sogar selbst eingeräumt hatte, als er das Errichten des neuen Stadtschlosses 2002 als Schließen einer Wunde bezeichnete.

Wir haben es hier also mit einer Argumentation zu tun, die die Rhetorik eines aufgeklärten Universalismus vertritt, dabei aber nicht systematisch vorgeht. Und das ist genau das, was Kritiker*innen dem Konzept des Universalismus vorwerfen: dass er nur vorgibt, universell zu sein, während er reale Ausschlüsse fortschreibt, indem er bestehende Ungleichheitsverhältnisse übergeht, anstatt sie im Sinne eines echten universalen Anspruchs zu reflektieren und zu verändern. Dabei ist Thierse mit seiner These kein Einzelfall, sondern formuliert, was manche Akteur*innen mit zunehmender Vehemenz vertreten: dass die Gefahr für diese Gesellschaft nicht von realer Diskriminierung und der Kontinuität von Gewalt ausgehe, sondern von denjenigen, die eine Veränderung gesellschaftlicher Strukturen und Praktiken einfordern. Die Attraktivität dieser Schuldzuweisung an die sogenannte »Identitätspolitik von links« liegt sicherlich auch darin, dass sich eine ganze Reihe in Wahrheit äußerst unterschiedlicher kritischer Perspektiven und Strategien darunter fassen lässt – von den Debatten um einen Umgang mit dem geraubten kolonialen Erbe in Museen über die Diskussionen zur Gestaltung des öffentlichen Raumes, von einer Kritik an rassistischen Praktiken am Theater bis zum erwähnten *Act-Out*-Statement. Wird all das als Gefährdung des friedlichen Zusammenlebens in der Demokratie beschrieben, braucht man sich mit den Inhalten der Diskriminierungskritik anschließend gar nicht mehr auseinanderzusetzen.

Eine solche Perspektive ist nicht auf Deutschland beschränkt, sie lässt sich derzeit auch in Frankreich oder den USA finden. Anfang 2021 etwa erschien ein Artikel der französischen Autorin Caroline Fourest in der feministischen deutschsprachigen Zeitschrift *Emma* unter dem programmatischen Titel »›Rassistisch‹ – Na und?«.[73] In ihm versteigt sich die Schriftstellerin und Publizistin zu der Behauptung, »[d]ie Universalisten haben verloren, und die Identitären haben sich überall fest etabliert«.[74] Als Beleg für diese Gefahr verweist Fourest auf einige der absurderen Auswüchse universitärer Debatten um diskriminierende Passagen in philosophischen Werken oder eine Kritik an sogenannter kultureller Aneignung. Von diesem Punkt aus verurteilt sie die identitätspolitische Diskriminierungskritik als demokratie- und vor allem aufklärungsfeindlich, was in Frankreich einen ganz eigenen Klang haben dürfte. Und in den USA wird eine Reihe sehr unterschiedlicher diskriminierungskritischer Bewegungen spätestens seit der Wahl Donald Trumps zum Präsidenten 2016 für die Niederlage der demokratischen Kandidatin Hillary Clinton verantwortlich gemacht.[75] Auf bestimmte Weise ist die in den vergangenen Jahren erst so richtig in Fahrt kommende deutsche Debatte also eine nachholende Entwicklung. Klüger ist sie deshalb aber noch lange nicht, allein wenn man sich anschaut, wie der CSU-Vorsitzende Markus Söder im September 2022 zur Titelmusik von *Winnetou* und einem Ballermannhit auf die Bühne lief, um ein Zeichen gegen die »Verbotskultur« zu setzen. War ja auch ein warmer Sommer.

Leider gilt das auch für die Reaktion auf eine Kritik am Berliner Stadtschloss und seine ethnologischen Sammlungen. Einer seiner drei Gründungsintendanten, Horst Bredekamp, veröffentlichte Anfang 2021 einen Text in der FAZ mit folgendem vielsagenden Titel: »Fanatiker der Reinheit. Die Zerstörung des Antikolonialismus durch den Postkolonialismus oder: Warum der identitäre Wahn unsere größte Bedrohung ist«.[76] Auch Bredekamp geht es um eine vermeintliche Zerstörung des Universalismus durch ein vermeintliches linkes identitätspolitisches Denken, wobei er sich eigentlich nur auf die postkoloniale Kritik an der unkritischen Glorifizierung von Gewalt in dem im Stadtschloss installierten Humboldt Forum mit seinen ethnologischen Sammlungen konzentriert. Dieses Humboldt Forum möchte Bredekamp vor seinen Kritiker*innen in Schutz nehmen, die hätten das Projekt nämlich falsch verstanden. Beim Humboldt Forum gehe es gar nicht um Kolonialismus; vielmehr knüpfe man an eine Tradition liberaler Ethnologie an, die einen universellen Anspruch bei der Betrachtung der Menschen und nicht selten auch eine Kritik am Kolonialismus formulierte.[77] Im Übrigen beziehe man sich auch auf den Kunstwissenschaftler Aby Warburg und den Anthropologen Franz Boas, die beide aus jüdischen Familien stammten. Und – an dieser Stelle holt Bredekamp zum eigentlichen Schlag aus – eine Kritik, die sich gegen eine Institution wie das Humboldt Forum richte, die ja ihrerseits Bezug nehme auf jüdische Denker*innen, führe zu einer »rhetorische[n] Auslöschung dieser Tradition«.[78] Die Kritiker*innen betrieben damit Bredekamp zufolge »dieselbe reaktionäre Politik, die von den Herrenreitern des Kaiserreiches und den Kulturvernichtern der Nationalsozialisten angestrengt wurde und welche die Schriften von Boas den Flammen übergab«.[79] Deutsches Antisemitismusbingo in Höchstform.

Greifen wir also auch dieses Argument auf, ohne es über die Maßen ernst zu nehmen: Ist die Forderung nach Aufarbeitung und Rückgabe von während der Kolonialzeit geraubter oder auf anderen Wegen angeeigneten Objekten tatsächlich dasselbe wie die Bücherverbrennung auf dem Bebelplatz? Klingt das nicht doch ein bisschen zu sehr nach der von Rechten verbreiteten Behauptung »Antifaschisten sind auch Faschisten«? Die Gleichsetzung einer Kritik an der ethnologischen Sammlung Berlins und der Bücherverbrennung durch die Nationalsozialist*innen spitzt Bredekamp übrigens noch weiter zu, wenn er die unter Kritiker*innen einer vermeintlich linken Identitätspolitik weit verbreitete Behauptung wiederholt: Die schlimmste Bedrohung der Gegenwart gehe nicht etwa vonseiten rechten Terrors oder der AfD aus, nein, Bredekamp sagt es ausdrücklich: »Die AfD und Schlimmeres sind eine ständige Herausforderung, die aber zu bewältigen sein dürfte«, während »die Überwindung des identitären Angriffs auf die Vernunft [...] schwerer zu erbringen« sei.[80] Das ist kein Zufall und auch kein Argument, was der FAZ-Redaktion beim Redigieren durchgerutscht ist. Das hat Methode. Erst erklärt man den Status quo zum Ausdruck eines Universalismus, dann macht man alle, die etwas an diesem Status quo auszusetzen haben, zu Vorläufer*innen einer drohenden Diktatur. Bredekamp nennt seine eigene Haltung »sozialdemokratisch«, aber Sie können hier getrost »bürgerliche Mitte« oder auch »gesundes Volksempfinden« einsetzen.

Nehmen wir uns zum Abschluss des Kapitels wieder den Universalismus vor, auf den sich Kritiker*innen von Thierse über Fourest bis Bredekamp berufen und dessen Niedergang sie beklagen. Ich fange mal mit der banalen Feststellung an, dass, damit etwas niedergehen kann, es zuerst einmal existiert haben muss. Sicherlich, die *Rhetorik* des Universalismus existiert schon mindestens so lange, wie das Christentum die Erlösung der ganzen Welt verkündete und sich anschickte, das mit Feuer und Schwert auch durchzusetzen. Aber gab es mal eine Zeit und einen Ort, wo man Universalismus gefordert und dann auch universalistisch gehandelt hat? Zweifel sind angebracht – und zwar nicht zuletzt wegen der inneren Widersprüche der hier betrachteten Texte. Wenn man sich mit dem Beginn der *identity politics* als diskriminierungskritischer und emanzipativer Strategie befasst, scheint es sich sogar umgekehrt zu verhalten: Die Kritik setzt genau bei dem Anspruch von Bewegungen an, die eine universalistische Rhetorik formulierten, diese aber nicht einlösen.[81] Es wäre wirklich hilfreich, würden Kritiker*innen der einen oder anderen Auswüchse sogenannter *identity politics* sich mit dem zentralen Einwand auseinandersetzen, dass diejenigen, die eine Rhetorik des Universalismus vertraten, immer wieder Menschen im Stich gelassen haben, die an diesen Anspruch glaubten: Juden und Jüdinnen, Schwarze, Queers, arme Menschen und so weiter.

Das Ziel einer solchen »Diskriminierungskritik von Links« ist vielleicht gerade, das eigene politische Handeln auch reflexiv auf ein Niveau zu bringen, das fortan nicht nur die Rechte und Bedürfnisse mancher, sondern aller Menschen im Blick hat. Dafür braucht es ein Wissen um die Geschichte bestimmter Diskriminierungsformen, denn für ein Verständnis spezifischer Traditionen der Diskriminierung muss man diese Traditionen zunächst für sich analysieren und verstehen, um zu vermeiden, dass an sich vielleicht gut gemeinte Argumente für einen universalistischen Ansatz plötzlich an einer völlig anderen Stelle auftreffen. So etwa, wenn Thierse seine Argumente auf die Zurückweisung einer Kritik am Blackfacing anwendet, einer seit Jahrhunderten angewandten Praxis, bei der *weiße* Schauspieler*innen sich das Gesicht schwarz färben, häufig in karikierender Absicht. Thierse sagte dazu:

> Kulturelle Aneignung über Hautfarben und ethnische Grenzen hinweg muss möglich sein. Das ist ein Wesenselement von Kultur, Grenzüberschreitung, Aneignung von anderem, von Fremdem, sich zu eigen machen, dabei die Unterschiede wahrzunehmen, das Eigene wahrzunehmen etc.[82]

Nun kann man das wohlwollend noch als ein Plädoyer gegen die Vorstellung in sich getrennter, homogener Räume verstehen. Es bleibt das Problem, dass Blackfacing ebenso wenig mit der Aneignung von Fremdem zu tun hat wie der Nazifilm *Jud Süß* mit jüdischer Geschichte. Denn in beiden Fällen geht es gar nicht um Kultur, sondern um eine Konstruktion von Hautfarbe beziehungsweise im Fall von *Jud Süß* um ein antisemitisches Bild von den Juden. Genau diese Differenzierungen sind für einen Kampf gegen Diskriminierung entscheidend, auch im Sinne eines emanzipativen Universalismus, dessen erklärtes Ziel ist, alle Menschen gleichermaßen vor Gewalt zu schützen. Und diese Differenzierungen sind Ergebnis eines genaueren Verständnisses der Diskriminierungsgeschichte. Hat man das nicht beziehungsweise fragt nicht nach, sondern redet einfach drauflos, wiederholt man unter Umständen bestehende Ausschlüsse und schreibt sie dadurch fort.

Das alles hat mehr mit dem Versöhnungstheater zu tun, als man auf den ersten Blick denken mag. Nicht nur wegen der erinnerungspolitischen Ausrichtung von Thierses und Bredekamps Argumenten, die sich ja auf geschichtspolitische Themen wie den Wohnsitz der preußischen Kaiser, die Geschichte liberaler Ethnologie oder die Umbenennung von Straßen beziehen. Das Versöhnungstheater findet sich auch auf der Ebene der Argumentation selbst, weil die Tradition der Aufklärung hier unberührt von jedem Zweifel als gute Geschichte angeführt wird, die man einer vermeintlichen linken Identitätspolitik entgegenstellt. Seit Jahrzehnten findet in der Philosophie und darüber hinaus eine Diskussion über die Frage statt, welche Verbindungen zwischen Traditionen der Aufklärung und der Intensivierung kolonialer Gewalt existieren. Eine solche Diskussion bedeutet nicht, dass diese Traditionen per se verdorben sind, aber sie zeigen, dass es nicht mehr genügt, sich einfach so auf diese Traditionen zu berufen, als wäre damit alles klar. Wen das interessiert, dem sei das Buch *Radikaler Universalismus* des Philosophen Omri Boehm ans Herz gelegt.[83]

Das Niveau dieser Diskussionen um die Geschichte der Aufklärung und ihre Komplizenschaft mit Gewalt und Diskriminierung ist das Niveau, dem ein Universalismus in der Gegenwart gerecht werden muss. Linke Identitätspolitik hat damit erst mal gar nichts zu tun. Anstatt also diejenigen, die gegen Diskriminierung vorgehen, für die Realität gesellschaftlicher Gewaltverhältnisse verantwortlich zu machen, wäre es doch ganz im Sinne aufgeklärter Denktraditionen, kritische Impulse aufzunehmen und weiterzudenken. Zentrales Anliegen wäre dann nicht die Beschwörung eines Universalismus, den es so nie gegeben hat. Sondern eine Antwort auf die Frage, wie gemeinsames Handeln in Anerkennung unserer Unterschiede funktionieren kann. Eine Art Post-Identitätspolitik vielleicht. Und zugleich ein Schritt zu einem Universalismus, der seinen Namen erst verdient.

HUNDERT JAHRE SOPHIE SCHOLL. AUF DER SUCHE NACH DER DEUTSCHEN ANNE FRANK

Die Person, die in den vergangenen Jahrzehnten zu einer der prominentesten deutschen Widerstandsfiguren geworden ist, heißt Sophie Scholl. Geboren wurde Scholl 1921 im fränkischen Städtchen Forchtenberg und wuchs in einem religiös wie politisch liberalen protestantischen Elternhaus auf. Schon das Geburtsjahr macht klar, dass sie zur Generation jener bemitleidenswerten Menschen gehörte, die von den Nazis so umfassend sozialisiert und indoktriniert wurden, dass sie oft gar nicht mehr auf die Idee kamen, dass es etwas anderes als den Nationalsozialismus und seine Ideologie geben könne. Hitler formulierte die Zielsetzung 1938 so: »Und sie werden nicht mehr frei ihr ganzes Leben.« Das bedeutete für Scholl wie für viele andere mit dreizehn Jahren Eintritt bei den Jungmädeln, dann Übergang in den Bund Deutscher Mädel, das weibliche Pendant zur Hitlerjugend. Maren Gottschalk, Autorin der Biografie *Sophie Scholl. Wie schwer ein Menschenleben wiegt*, vermerkt, Scholl sei wie wohl die meisten im BDM »sehr begeistert, sehr fanatisch für den Nationalsozialismus« gewesen.[84] Diese Einstellung änderte sich erst mit Beginn des Russlandfeldzugs 1941, zu dem auch Scholls Freund Fritz eingezogen wurde. Das ist der Vorlauf zu jenem Teil der Geschichte, den wohl die meisten kennen werden: Sophie Scholl als Teil der Widerstandsgruppe Weiße Rose, deren Mitglieder in München mehrfach Flugblätter gegen den Krieg verteilten, bis sie vom Hausschlosser und Hörsaaldiener der Ludwig-Maximilians-Universität erwischt, den Behörden überstellt, verhört und hingerichtet wurden.

Die Geschichte von Sophie Scholl ist eine Geschichte von dem Schweigen und der Feigheit der Erwachsenen und dem Mut der Verzweiflung junger Menschen. Es ist eine sehr traurige und sehr deutsche Geschichte. In den ersten beiden Jahrzehnten nach Kriegsende konnte man nicht viel mit Scholls Schicksal anfangen, denn Adenauers Wiedergutmachungspolitik ging ja, wie beschrieben, einher mit einer eingeschränkten, aber öffentlichkeitswirksamen Amnestie für Verbrechen während der Nazizeit und einer stillschweigenden Weigerung des jungen Rechtsstaates, den Mördern aktiv den Prozess zu machen. Das funktionierte logischerweise umso besser, je weniger der Eindruck entstand, dass es auch Spielraum für Widerstand gegeben hätte. Erst mit dem Übergang zur zweiten Phase der deutschen Erinnerungskultur ab Ende der 1960er Jahre tauchte die junge Kriegsgegnerin vermehrt auf Briefmarken und Geldstücken auf, übrigens auch in der DDR. Die folgenden Jahrzehnte über weitete sich das Gedenken dann zu einer regelrechten Ikonisierung aus, was man nicht zuletzt daran sieht, dass mittlerweile etwa zweihundert Schulen und sechshundert Straßen nach Scholl benannt worden sind. Diese Verehrung erreichte zu Scholls 100. Geburtstag 2021 einen neuen Höhepunkt.

Als Beispiel lohnt der Blick auf den *Themenbereich Sophie Scholl*, wie er anlässlich des Jubiläums in der Mediathek der ARD zu finden war. Gleich an erster Stelle prangte dort der Hinweis auf die Instagram-Aktion des Senders *ichbinsophiescholl*, die junge Menschen dazu motivieren sollte, sich mit Scholls Schicksal auseinanderzusetzen und zu identifizieren. Die Aktion war eine unverhohlene Wiederauflage der in Israel initiierten *eva.stories*, die 2019 die Geschichte der dreizehnjährigen ungarischen, in Auschwitz ermordeten Jüdin

Éva Heyman auf Instagram in Szene setzten.[85] Die Idee hatte in Israel hohe Wellen geschlagen, auch wegen der Frage einer Übertragbarkeit von Heymans Schicksal in den Raum sozialer Medien. *ichbinsophiescholl* drehte diese Diskussion noch ein Stück weiter, als es die Social-Media-Aktion zur Biografie eines Shoah-Opfers auf eine deutsche Widerstandskämpferin übertrug.[86] Auch die Bildsprache, die die Redaktion dafür wählte, war bemerkenswert. Auf dem die Aktion in der ARD-Mediathek begleitenden Foto trägt die von Luna Wedler gespielte Sophie Scholl eine rote Strickjacke, in deren Mitte eine große gelbe Blume prangt. Wie kam die Redaktion darauf, gerade auf dieses Foto mit dieser auf Brusthöhe platzierten gelben Blume zur Illustration der Instagram-Aktion? Denn in Wirklichkeit, das ist ja klar, musste vom September 1941 an nicht Sophie Scholl, sondern mussten andere Menschen eine sichtbare gelbe Markierung auf ihrer Kleidung tragen.

Ob bewusst gesetzt oder einfach nicht ausreichend bedacht: Ein Jahrhundert nach ihrer Geburt wurde Sophie Scholl zu einer deutschen Anne Frank stilisiert.[87] Diese Stilisierung mag man, wie ich, unangemessen finden oder auch nicht, wie man im Übrigen auch geteilter Meinung sein kann, was eine öffentlich-rechtliche Instagram-Aktion als Beitrag zur Erinnerungskultur angeht. Die entscheidende Frage lautet auch hier, *warum* bestimmte Figuren zu Ikonen einer deutschen Erinnerungskultur wurden und nicht beispielsweise die vielen widerständigen Kommunist*innen, Sozialist*innen, Juden und Jüdinnen, die es ja auch gegeben hat? Vermutlich ahnen Sie einen Teil der Antwort schon. Die Erinnerung an den kommunistischen Widerstand gegen den Nationalsozialismus war in Westdeutschland während des

Kalten Krieges unbrauchbar, weil Kommunismus ein Feindbild darstellte und die DDR diesen Widerstand für sich beanspruchte. Sein Ausschluss setzte sich im Nachwende-Entwurf der Erinnerungskultur fort. Aber auch ohne ein Gedenken an den kommunistischen Widerstand wären andere Bezugspunkte möglich gewesen. Um also zu verstehen, warum sich die heutige Erinnerung derart intensiv auf bestimmte Figuren konzentriert, ist es notwendig nachzuvollziehen, wie genau der Nationalsozialismus in den Jahrzehnten nach 1945 in der BRD eingeordnet wurde und welche politischen Lektionen man daraus zog.

Damit komme ich noch einmal auf Konrad Adenauer zurück, der 1951 die bereits erwähnte Erklärung zum Wiedergutmachungsgesetz abgab, die von allen damaligen Parteien des Deutschen Bundestages angenommen wurde. In ihr findet sich schon weiter oben zitierte Falschaussage, »[d]as deutsche Volk hat in seiner überwiegenden Mehrheit die an den Juden begangenen Verbrechen verabscheut und hat sich an ihnen nicht beteiligt«.[88] Es darf wohl als unstrittig gelten, dass Adenauer damit entscheidende Aspekte der Geschichte unterschlug, die wirklich stattgefunden hatte. Weder sprach er vom weit verbreiteten Antisemitismus noch von der Rolle der Großindustrie, der Wehrmacht oder den bürgerlichen Wähler*innen und ihrer Angst vor dem Sozialismus, die der NSDAP zur Macht verhalfen und danach viel zu wenig gegen sie unternahmen. Die überwiegende Mehrheit der Deutschen stand den Verbrechen der Nazis bestenfalls gleichgültig gegenüber, verabscheut oder gar bekämpft haben sie nur die wenigsten. Aber es geht hier nicht nur um die faktische Falschheit der Aussage, sondern die Art und Weise, wie Adenauer die Geschichte des Nationalsozialismus und seiner

Verbrechen für die Nachkriegsjahre deutete. Er hatte das bereits in seiner Antrittsrede 1949 wie folgt formuliert:

> Wenn die Bundesregierung so entschlossen ist, dort, wo es ihr vertretbar erscheint, Vergangenes vergangen sein zu lassen, in der Überzeugung, daß viele für subjektiv nicht schwerwiegende Schuld gebüßt haben, so ist sie andererseits doch unbedingt entschlossen, aus der Vergangenheit die nötigen Lehren gegenüber allen denjenigen zu ziehen, die an der Existenz unseres Staates rütteln, mögen sie nun zum Rechtsradikalismus oder zum Linksradikalismus zu rechnen sein.[89]

In dieser Passage ist bereits enthalten, was sich in den folgenden Jahrzehnten zur ersten Phase der Erinnerungskultur verdichtete: die Bereitschaft, Vergangenheit vergangen sein zu lassen, die sich auch in Amnestiegesetzen und der ausbleibenden Strafverfolgung durch deutsche Gerichte zeigte, außerdem in Willensbekundungen anlässlich einer Politik der Wiedergutmachung, die sich weitgehend international und auf symbolischer Ebene abspielte. Vor allem aber eine Einordnung des Nationalsozialismus, die darauf hinausläuft, dass Rechts- und Linksextremismus gleichermaßen die Existenz des westdeutschen Staates gefährden. Beeindruckend, so etwas vier Jahre nach der Befreiung von Auschwitz durch die Rote Armee zu sagen. Und so sind dann auch aus den Reihen der KPD, die damals in Westdeutschland noch nicht verboten war, im Sitzungsprotokoll Lacher und Zurufe vermerkt. Adenauer formuliert hier das zentrale westdeutsche Narrativ darüber, was der Nationalsozialismus war und welche Entwicklungen ihn ermöglicht hatten. Nationalsozialismus entsteht dieser Perspektive zufolge dann, wenn eine Gesellschaft gleichermaßen zu rechts *und* zu links ist. Und das dürfte Ihnen als aufmerksame Beobachter*innen der Gegenwart bekannt vorkommen. Das Hufeisenparadigma lässt grüßen.

Die westdeutsche Einordnung des Nationalsozialismus erklärt, warum in der deutschen Erinnerungskultur heute der bürgerliche deutsche Widerstand im Vordergrund steht. In den ersten Jahrzehnten der BRD wurden sozialistische und kommunistische Widerstandskämpfer*innen wahlweise als unzuverlässige Schmuddelkinder oder irgendwie verdächtige Volksverräter behandelt, die bald wieder aus dem Staatsdienst verdrängt wurden, in den die alliierten Militärregierungen sie gebracht hatten.[90] Überhaupt hatte man die ersten Nachkriegsjahrzehnte über wenig Interesse an einer Aufarbeitung der jüngeren Gewaltgeschichte, hätte diese doch unmittelbar die Frage aufgeworfen, warum der Großteil der Bevölkerung mindestens stillgehalten hatte, während andere verfolgt, abgeholt, ins KZ gebracht und ermordet wurden. Das änderte sich erst mit dem Generationenwechsel zu den 1968ern. Nun fragte man auch nach den Handlungsspielräumen, die jeweils verfolgten und nicht verfolgten Menschen während des Nationalsozialismus offengestanden hatten. Hier tauchte Sophie Scholl als neue Figur auf, während der kommunistische Widerstand auch weiterhin aus dem öffentlichen Erinnern ausgeschlossen blieb. Ein wesentlicher Teil der innerdeutschen Widerstandsgeschichte von der Widerstandsgruppe *Rote Kapelle* bis zur *Gruppe Baum* wurde damit heruntergespielt, systematisch ausgeblendet oder sogar verächtlich gemacht.

Für den jüdischen Widerstand trifft dies in noch weitaus größerem Maße zu, denn der jüdischen Seite wurde in beiden Deutschlands von 1945 an die Rolle als unschuldige und vor allem passive Opfer zuteil. Darum bewegt sich die Erinnerung an die Shoah in Deutschland zwischen der Pogromnacht am 9. November und der Befreiung von Auschwitz am 27. Januar, der übrigens erst 1996 als Gedenktag eingeführt wurde. Der Aufstand im Warschauer Ghetto, der vom 19. April bis zum 16. Mai 1943 stattfand, taucht dabei ebenso wenig auf wie die vielen anderen Widerstandsakte, von denen wir wissen: die *Fareynikte Partizaner Organizatsye* (FPO), die sich als Partisan*innenorganisation in Wilna gründete, Widerstandskämpfer*innen wie Avrom Sutzkever, Abba Kovner, Vitka Kempner, Ruzka Korczak und der Dichter Hirsch Glik. Oder Marek Edelmann, der stellvertretende Kommandant des Warschauer Ghettoaufstandes, mit dem die Journalistin Hanna Krall 1976 ein beeindruckendes Gespräch geführt hat.[91]

Das weit verbreitete Unwissen über diese Namen und Geschichten ist kein Zufall, sondern Ergebnis einer bestimmten Kultur der Erinnerung an den Widerstand gegen den Nationalsozialismus. Denn für kämpferische, kommunistische, widerständige Juden und Jüdinnen ist wenig Platz in Schulbüchern, bei Gedenkveranstaltungen oder Instagram-Aktionen. Stattdessen überwiegen die *versöhnlichen* und *wehrlosen* jüdischen Stimmen. Die Konstruktion dieser Juden ist seit den 1980er Jahren von Michal Bodemann, Eike Geisel und vielen weiteren beschrieben worden: Eine deutsche Öffentlichkeit übersetzt ihren Wunsch nach Versöhnung in eine Sehnsucht nach bestimmten jüdischen Geschichten, die sich auch in einer bestimmten Palette an Gefühlen und Haltungen ausdrückt, die im deutschen Versöhnungstheater Raum bekommen.

Wie ist das denn mit der echten Anne Frank, die bekannterweise erst in einem Versteck in Amsterdam überlebte und dann im Konzentrationslager ermordet wurde? Hier lohnt sich der Blick in ein Buch der US-Autorin Dara Horn, das 2021 auf Englisch erschien und das den treffenden Titel *People Love Dead Jews* trägt: Die Menschen lieben tote Juden.[92] Horn beschreibt die Faszination der nichtjüdischen und jüdischen Öffentlichkeit für tote Juden und Jüdinnen. Und, möchte ich im Kontext dieses Buches hinzufügen, für versöhnliche Juden und Jüdinnen. So rekonstruiert Horn gleich im ersten Kapitel ihres Buches, wie Anne Frank in den Jahrzehnten nach 1945 zu einer Figur der Hoffnung stilisiert wurde. Und hier fängt das Problem an, das Horn mit dem Titel ihres Buches umkreist: Die Menschen lieben tote Juden und Jüdinnen – und diejenigen, die hoffnungsvolle und versöhnliche Geschichten erzählen können. Alle anderen lieben sie nicht so sehr. Das erklärt vielleicht das Vergessen und Ignorieren kommunistisch-jüdischer Widerstandsgeschichten. Denn (West) Deutschland ist der kommunistische Widerstand so unangenehm, dass nicht weiter auffällt, wenn er öffentlich abgewertet wird.

Anfang 2022 empörte sich das konservative Feuilleton-Deutschland darüber, dass die neue SPD-Innenministerin Nancy Faeser einen Artikel für die *Vereinigung der Verfolgten des Naziregimes* verfasst hatte. Die VVN ist der größte Verband derjenigen, die in der Nazizeit Widerstand geleistet haben. Die Innenministerin habe, so der Vorwurf, einen Artikel für eine linksextreme Organisation verfasst. Das entbehrt nicht einer gewissen Komik. Denn noch in dem Vorwurf lässt sich ein Bewusstsein dafür erkennen, dass von dem deprimierend geringen Widerstand gegen den Nationalsozialismus noch viel weniger von bürgerlichen Kräften ausgegangen war. Da könnte man auch fragen, warum keine liberale oder bürgerliche VVN (mehr) existiert. Und das könnte dann eine Reflexion über das Potential bestimmter politischer Denktraditionen anregen, sich von Faschisierung und völkischem Gedankengut abzugrenzen. Aber das Versöhnungstheater wäre nicht das Versöhnungstheater, ginge man nicht auch hier der Selbstkritik aus dem Weg. Lieber wirft man denjenigen, die die Nazis bekämpften, Linksextremismus vor und redet sich selbst ein, bürgerlich wäre schon irgendwie gleichbedeutend mit Demokratie und Rechtsstaatlichkeit. So als bräuchte es einfach nur die fortwährende Beteuerung, dass man aus der Geschichte gelernt habe – und die gute Gegenwart ergäbe sich von ganz allein.

REGULIERTE SICHTBARKEIT. WARUM DIE RHETORIK DER VIELFALT NICHT AUSREICHT

Die Auswahl bestimmter Stimmen und Biografien, um die es im vorigen Kapitel ging, beschränkt sich nicht auf die Erinnerung an die nationalsozialistische Gewaltgeschichte. Auch wenn in großen deutschen Zeitungen gegenwärtig Stimmen zu Wort kommen, ist das bereits das Ergebnis einer Auswahl. Und das ist ja auch nicht überraschend, denn Redaktionen kuratieren sich die Perspektive derjenigen, die je nach Anlass zur Linie der Zeitung passen – und zwar nicht nur, indem bestimmte Positionen gar nicht auftauchen, sondern indem bestimmte Positionen auf eine spezifische Weise repräsentiert werden: Eine Islamkritikerin und ein atheistischer Muslim erzählen eine andere Geschichte als eine emanzipierte Muslima mit Kopftuch und ein*e nichtbinäre*r Expert*in zu antimuslimischem Rassismus. Das gilt auch für die Auswahl jüdischer Stimmen, etwa wenn in einer Debatte vor allem jene Stimmen zu Wort kommen, die eine liberale oder konservative *religiöse* Perspektive vertreten. Auch hier handelt es sich um das Ergebnis einer redaktionellen Auswahl, die am Ende den Eindruck erweckt, jüdische Identitäten seien in Deutschland vor allem religiös bestimmt. Dieser Eindruck aber ist mit Blick auf die sinkenden Mitgliederzahlen der jüdischen Gemeinden falsch. Angesichts dieser Abweichung von der jüdischen Realität muss man fragen, welche impliziten oder bewussten Voranannahmen über das lebendige Judentum in Deutschland die Auswahl der Redaktionen leiten.

Zahlreiche Autor*innen haben sich in den vergangenen Jahrzehnten mit dem Bild befasst, das sich eine nichtjüdische

Öffentlichkeit seit 1945 vom Judentum macht. Ab den 1980er Jahren wurden die Juden zunehmend zu Figuren in einer öffentlichen Inszenierung der deutschen Vergangenheitsbewältigung, von der Eike Geisel als »Wiedergutwerdung der Deutschen« schrieb.[93] Das zeigte sich bei Gedenkveranstaltungen und Klezmer-Konzerten, bei Dokumentationen im öffentlich-rechtlichen Fernsehen, bei Social-Media-Aktionen oder der Einweihung von Holocaustmahnmalen. Die existierenden Fantasien über das Judentum sind aber auch dann wenig überraschend, wenn man bedenkt, dass die nichtjüdische Öffentlichkeit ihre Vorstellung über jüdische Lebenswirklichkeiten zu einem nicht unbedeutenden Teil aus jüdischen Museen, Unterrichtseinheiten über den Holocaust und NTV-Dokumentationen über Hitlers linken Hoden gewinnt. Kein Wunder, dass dabei der Eindruck entsteht, Juden seien im Wesentlichen Kippa tragende Holocaust-Überlebende, die beschützt werden müssen und sonst nicht viel zur Gegenwart beizutragen haben.

Dieses spezifische Wissen über Juden nimmt auch Einfluss auf die Kuratierung jüdischer Meinungen in nichtjüdischen Medien. Das ist ein Problem, denn es hat mit dem real existierenden Judentum nicht viel zu tun und verhindert auch innerjüdisch eine Anerkennung jüdischer Vielfalt. Während ein Teil der jüdischen und nicht-jüdischen Öffentlichkeit in den vergangenen Jahrzehnten nämlich damit beschäftigt war, Deutschlandfahne, Heimatliebe und Leitkultur zu normalisieren, um sich anschließend zu fragen, wo plötzlich diese völkische Partei herkommt, hat sich das Judentum in Deutschland grundlegend gewandelt. Das belegen die über neunzig Prozent sowjetischstämmige Juden und Jüdinnen in Deutschland, das belegt auch die Existenz eines Ortes wie des 2008 gegründeten jüdischen Begabtenförderungswerks »Ernst Ludwig Ehrlich Studienwerk«, die 2005 als Alternative zur Orthodoxie gegründete Allgemeine Rabbinerkonferenz, das queere Netzwerk Keshet und die vielen neuen jungen und kritischen jüdischen Stimmen in Film, Literatur oder Theater. Und auch die Tatsache, dass über die Hälfte der Juden und Jüdinnen in Deutschland nicht (mehr) Teil jüdischer Gemeinden sind, ist ein Indiz, dass etwas grundlegend in Bewegung gekommen ist. Diese neue Situation ist im Rahmen des Versöhnungstheaters mit seiner spezifischen Fantasie über jüdisches Leben kaum abbildbar.

In den vergangenen Jahren ist eine ganze Reihe von Büchern zu den Themen Antidiskriminierung und Selbstermächtigung erschienen, etwa Emilia Roigs *Why We Matter* oder *Gojnormativität* von Judith Coffey und Vivien Laumann.[94] In beiden Texten argumentieren die Autorinnen, dass ein zentrales Element von Diskriminierung die *Unsichtbarkeit* von Erfahrungen ist, die Menschen und Gruppen einem höheren Risiko aussetzen, Gewalt zu erleben – etwa Frauen mit Kopftuch oder Trans-Sex-Worker*innen. Auch die Fahndungsverweigerung rund um den NSU war keine Aneinanderreihung polizeilicher Pannen, sondern muss in den Rahmen struktureller Diskriminierung eingeordnet werden, der die Gewalterfahrung migrantisierter Menschen herunterspielt oder sie sogar selbst für die ihnen widerfahrene Gewalt verantwortlich macht. So vermuteten die ermittelnden Behörden bei den NSU-Morden bekanntlich lange, an den Taten seien Migrant*innen selbst schuld. Nicht zuletzt in Reaktion auf diese Erfahrungen fordern Roig und Coffey/Laumann, dass diejenigen, die bislang nicht mitgedacht und deshalb nicht mitgeschützt wurden, ebenfalls anerkannt werden. Denn Sichtbarkeit bedeutet mehr Anerkennung. Und mehr Anerkennung bedeutet mehr Schutz, insbesondere für diskriminierte Minderheiten.

Das Auseinandertreten von Repräsentation und tatsächlicher jüdischer Lebendigkeit unterstreicht aber auch, dass die Sichtbarkeit von Minderheiten noch nicht ausreicht, weil sie eine Beschränkung auf bestimmte Themen, bestimmte Ausdrücke von Emotionalität und bestimmte Dramaturgien bedeuten kann. Auch ein höheres Maß an Aufmerksamkeit kann Unsichtbarkeiten reproduzieren, wenn sie nicht mit einer Kritik der jeweiligen Voraussetzungen einhergeht, unter denen nur jene Schwarzen Menschen, Sinti*zze und Rom*nja, Migrant*innen, Menschen mit Behinderung und so weiter abgebildet werden, die den Erwartungen derjenigen entsprechen, die die Auswahl treffen – auch in deutschen Redaktionen. So bedienten sich jüdische und nichtjüdische Akteur*innen anlässlich des Jubiläums zu 1700 Jahren jüdischen Lebens auf dem Gebiet, das heute Deutschland heißt, beispielsweise intensiv einer Rhetorik der Vielfalt. In einem Essay für das *Jalta Magazin* beschreibt die Soziologin Darja Klingenberg die Grenzen dieser Rhetorik:

> Bilder erfolgreicher queerer, migrantischer oder postorthodoxer Jüd*innen wurden gefeiert und herausgestellt. Jenseits der zugewiesenen Vielfalts-Nische, gab es jedoch wenig Bereitschaft, über Ausschlüsse und Konflikte zu sprechen oder für vom Kanon deutsch-jüdischer Erinnerungskultur abweichende Erfahrungen Raum zu schaffen.[95]

Will man 1700 Jahre jüdisches Leben in Deutschland historisch korrekt erzählen, dann beinhaltet das lange Phasen, in denen kaum Juden und Jüdinnen in Deutschland lebten. Der letzte und tiefste Bruch ist bekanntlich gut achtzig Jahre her. Die Einwanderung von Juden und Jüdinnen aus der Sowjetunion bedeutet nicht nur, dass es irgendwie weitergeht mit der jüdischen Geschichte in Deutschland. Sie markiert auch eine radikale Veränderung jüdischen Lebens, dessen Ausmaße sich bis heute nur abschätzen lassen, von der aber schon jetzt mit Sicherheit gesagt werden kann, dass das westdeutsche Judentum, wie es von 1945 bis 1989 existierte, nicht mehr existiert. Das hat Konsequenzen für das Judentum selbst, es verlangt auch eine andere Sensibilität im Rahmen von Diskriminierungskritik. So muss eine Darstellung der Gegenwart von Juden und Jüdinnen beispielsweise nicht nur Antisemitismus, sondern auch antislawischen Rassismus und die Diskriminierung von Migrant*innen in der deutschen Gesellschaft thematisieren. Denn die jüdische Bevölkerung, die in Deutschland zu weit über neunzig Prozent migrantisch ist, erlebt eben auch Diskriminierung, weil sie kein akzentfreies Deutsch spricht, den »falschen« Nachnamen für die Wohnungs- oder Jobsuche hat oder einfach nicht auf dieselben Ressourcen zurückgreifen kann, die andere Menschen in Deutschland durch ihre Familien und Netzwerke haben. Die Armut vieler jüdischer Einwanderer und Einwanderinnen gerade der ersten ankommenden Generation nach 1990 ist auch das Ergebnis einer staatlichen Politik der Nichtanerkennung ihrer Berufsabschlüsse und der Tatsache, dass die sogenannten jüdischen Kontingentflüchtlinge weniger Rentenzahlungen erhalten als etwa die als deutsche Spätaussiedler geltenden Migrant*innen. Aber auch innerjüdisch erleben die Mitglieder dieser jüngsten Einwanderungsgruppe Ausschluss. Darja Klingenberg schreibt dazu wiederum im *Jalta Magazin*:

> So stellen russischsprachige Jüd*innen zwar die Mehrheit von Gemeindemitgliedern. In den jüdischen Institutionen haben sie aber auch nach über dreißig Jahren wenig Mitspracherecht und sind mit ihren Erfahrungen kaum sichtbar. Lesbische, queere, trans oder non-binary Jüd*innen haben mit *Keshet* seit ein paar Jahren ein institutionelles Sprachrohr. Sie sind darüber hinaus in den Gemeinden und jüdischen Institutionen weiter marginalisiert und erleben Anfeindungen.[96]

Diese Anfeindungen haben offenbar Konsequenzen für das Verhältnis von Juden und Jüdinnen zu den bereits bestehenden westdeutschen Nachkriegsstrukturen. Den Zahlen der Zentralwohlfahrtsstelle zufolge hatten die Gemeinden 2021 noch gut 91 000 eingetragene Mitglieder.[97] Geht man von etwas mehr als 200 000 in Deutschland lebenden Juden und Jüdinnen aus, bedeutet das, dass über die Hälfte der jüdischen Bevölkerung nicht mehr Teil einer Gemeinde ist. Das ist keine Kleinigkeit, denn damit repräsentiert der Dachverband der jüdischen Gemeinden, der Zentralrat der Juden in Deutschland, eine Minderheit der Juden und Jüdinnen. Für die nicht repräsentierte Mehrheit spielt der religiöse Kontext wahrscheinlich nur eine eingeschränkte Rolle für ihr Jüdischsein, was aber so gut wie gar nicht in der deutschen Öffentlichkeit thematisiert oder abgebildet wird. Und so bleiben die innerjüdischen Umwälzungen der vergangenen

Jahrzehnte bislang weitgehend unsichtbar. Der Rhetorik jüdischer Vielfalt steht damit eine Realität regulierter Sichtbarkeit gegenüber, die diese Vielfalt nur im Sinne bestehender Strukturen und erinnerungspolitischer Bedürfnisse sichtbar werden lässt.

Vielleicht zeichnet sich die Lebendigkeit einer Community tatsächlich dadurch aus, dass es irgendwann keine Definition mehr gibt, auch keine religiösen, unter der alle Formen ihrer Jüdischkeit zusammengefasst werden können. Das hat mit der vielfältigen Herkunft der Menschen zu tun und der Art und Weise, wie unterschiedlich jüdische Identitätsbildung an diesen Orten stattgefunden hat. In der Sowjetunion etwa wurde die Frage von Zugehörigkeit ethnisch definiert und vermittelte sich eher über Kultur als über religiöse Bezüge. Auch in der DDR fand das Judentum weniger in Synagogen als in Wohnzimmern statt. In den USA ist, anders als im religiös eher konservativen Deutschland, das Reformjudentum gemeinsam mit dem liberalen Judentum die stärkste Strömung, wobei auch hier die Mehrheit gar nicht mehr in den Gemeinden präsent ist und man sich zunehmend mit dem Fakt arrangiert, dass Juden und Jüdinnen Familien mit nichtjüdischen Partner*innen gründen. Entscheidend an dieser unvollständigen Aufzählung ist, dass es auch in Deutschland eine Vielzahl an jüdischen Räumen gibt, die von Universität bis Popkultur, vom Queerclub bis zum Rabbinatsstudium reichen. Jüdische Familien haben häufig nichtjüdische Familienmitglieder, Verwandte, Stieffamilien und vielfältige Formen der Verflechtung mit der deutschen Gewaltgeschichte. Nicht selten haben die einen Vorfahren die anderen deportiert.

Eine Erinnerungskultur, die sich die deutsch-jüdische Beziehungsgeschichte als Gegenüber zweier klar voneinander trennbarer Gruppen von Täter*innen und Opfern zurechtlegt, kann derartige Verbindungen nicht abbilden. Und erzeugt im schlimmsten Fall eine Art Immunreaktion, die diese Hybridität und Heterogenität zurückweist und auf den Grenzen zwischen Juden und Deutschen, aber auch zwischen echten und unechten Juden beharrt. Das lässt sich gut an aktuellen Debatten um Zugehörigkeit zum Judentum, aber auch der Dramaturgie der deutschen Erinnerungskultur nachvollziehen. Denn das Versöhnungstheater ist fixiert darauf, jüdische Existenz in Deutschland vor und nach der Shoah als Kontinuität zu erzählen. Auf bestimmte Weise äußert sich darin auch die Hoffnung, dass alles doch nicht so schlimm gewesen ist, dass sich hier etwas überbrücken, rekonstruieren, eben wiedergutmachen lässt. Landauf, landab werden Synagogen und Friedhöfe wiederaufgebaut und jüdische Lehrhäuser eingerichtet, als müsste man nur die Formen wiederherstellen, damit das Leben in sie zurückkehrt. Für sich genommen sind das hilflose und in Teilen auch anrührende Gesten eines Unwillens, anzuerkennen, dass mit Nationalsozialismus und Shoah etwas unwiederbringlich zerstört wurde. Aber demgegenüber muss eben doch unterstrichen werden: Das deutsche Judentum ist niemals 1700 Jahre alt geworden.

Das Versöhnungstheater blockiert dabei nicht nur eine Anerkennung der Zerstörung, die stattgefunden hat. Sondern verstellt auch den Blick auf eine jüdische Gegenwart, die sich einfach nicht als Ergebnis einer tausendsiebenhundertjährigen Geschichte einordnen und verstehen lässt. Sie ist auch nicht mehr nur das Ergebnis der Zerstörung durch die Shoah, eine Perspektive, die in den ersten Jahrzehnten nach 1945 noch sinnvoll war, denn die wenigen Menschen, die sich in und um die jüdischen Gemeinden sammelten, waren ja tatsächlich größtenteils Überlebende oder Mitglieder jener *Sh'erit ha-Pletah*, des überlebenden Rests. Insofern aber eine nichtjüdische Öffentlichkeit angesichts der Veränderungen, die im deutschen Judentum seit 1990 stattgefunden haben, auch weiterhin an dieser Einordnung festhält, hat sie teil an der Regulierung der Sichtbarkeit der jüdischen Gegenwart. Und das gilt auch dann noch, wenn eine nichtjüdische deutsche Öffentlichkeit wahnsinnig interessiert scheint an Juden und Jüdinnen. Denn Sichtbarkeit allein genügt nicht, es braucht auch eine Kritik der Bedingungen, unter denen diese Sichtbarwerdung erfolgt.

DIE VERDOPPLUNG DER JUDEN. ZWISCHEN ZUSCHREIBUNG UND JÜDISCHEN REALITÄTEN

Die Abbildung jüdischer Vielfalt ist nicht nur begrenzt durch den Rahmen regulierter Sichtbarkeit, den ich im vorigen Kapitel für die Gegenwart beschrieben habe. Auch die jüdische Geschichte muss so erzählt werden, dass sie die antisemitische Gegenüberstellung von Juden und Deutschen nicht einfach übernimmt. Einer der Effekte des Antisemitismus auf die Wahrnehmung ist nämlich, dass er die Juden verdoppelt: Gibt es vorher eine Gruppe, die sich Hebräer, Israeliten oder Jehudim nennt, gibt es diese Gruppe nachher noch immer, aber fortan existiert eine zweite Gruppe in der Fantasie der Antisemit*innen, in Bildern und Schriften. Dieser Gedanke wurde schon an vielen Stellen formuliert, etwa in Jean-Paul Sartres in den 1950er Jahre verfassten *Anmerkungen zur Judenfrage*[98] oder Michael Daxners *Der Antisemitismus macht den Juden*[99] von 2007. Eine wesentliche Pointe der Konstruktion der Juden im Antisemitismus ist ihre Funktion als Gegenfigur zu den Christen, den Aufgeklärten, den Deutschen und so weiter. Selbstverständlich kommen die Juden dabei meistens nicht so gut weg. Man müsste also mindestens zwei Geschichten schreiben: die Geschichte der real existierenden jüdischen Gruppe und die Geschichte der antisemitischen Zuschreibung, also der symbolischen Juden.

Bei der Übermacht antisemitischer Fantasien, die sich bis in die historischen Dokumente zieht, die Historiker*innen zurate ziehen, um die Geschichte der Juden und Jüdinnen zu erzählen, geschieht es schnell, dass man die symbolischen Juden mit den real existierenden Juden und Jüdinnen verwechselt. Dabei haben sich Letztere nie an die Vorstellungen gehalten, die man sich von ihnen machte. Ihre Realitäten aber sind so grundlegend und unwiederbringlich verloren gegangen, dass wir uns kaum noch eine Vorstellung davon machen können, was das gewesen sein mag: jüdisches Leben in Deutschland bis 1933. Einige Umrisse lassen sich dennoch ausmachen, etwa wenn man sich Literatur anschaut, die von diesen Realitäten berichtet. Zum Beispiel Sammy Gronemanns 1929 erschienenen Roman und Bestseller *Tohuwabohu.*[100] In einer Reihe von ineinandergreifenden literarischen Milieustudien beschreibt Gronemann die Lebensrealitäten jüdischer Menschen, vom Stetl bis ins liberale Berlin. Die Leser*innen begegnen dabei einer Gegenwart, die von der jüdischen Orthodoxie über den Liberalismus bis zu protestantischen Konvertiten reicht. Man könnte außerdem Friedrich Torbergs Anekdotensammlung *Die Tante Jolesch* daneben legen, welche die witzigen und bisweilen etwas eigenwilligen Lebensweisen von Juden und Jüdinnen in den Ländern der k. u. k. Monarchie beschreibt.[101] Beide Werke verbindet, dass das, was man zusammenfassend mit dem Adjektiv »jüdisch« versieht, nicht mehr auf einen Nenner zu bringen ist. Es sind zwei unterhaltsame Bücher, die nachdenklich machen, weil sie einem den Abgrund vor Augen führen, der uns von dieser Vergangenheit trennt.

Die Vielfalt jüdischer Realitäten im deutschsprachigen Raum des 19. und 20. Jahrhunderts war das Ergebnis einer doppelten Emanzipationsbewegung, des Eintritts in die bürgerlichen Gesellschaften Europas und der kritischen (Selbst-) Befragung überlieferter religiöser Strukturen. So waren in allen großen Städten des Deutschen Reiches das Reformjudentum und das liberale Judentum Anfang des 20. Jahrhunderts auf dem Weg zur dominanten Form – mit Gottesdiensten an Sonntagen und manchmal sogar einem Chanukkamann, der die Geschenke brachte.[102] Auch auf Ebene der Familiengründungen ergab die Unterscheidung zwischen jüdischer und nichtjüdischer Umgebung immer weniger Sinn. Lag die Rate der interkonfessionellen Hochzeiten von Juden und Jüdinnen 1901 im Deutschen Reich noch bei 8,4 Prozent, schnellte sie bis 1915 auf 29,86 Prozent hoch. Und in liberaleren Großstädten wie Berlin war diese Zahl noch einmal wesentlich höher. Felix Theilhaber, ein zionistischer Arzt aus München, alarmierte diese Entwicklung so sehr, dass er 1911 davor warnte, bis Mitte des Jahrhunderts wäre das deutsche Judentum vollständig in seiner Umgebung aufgegangen.[103] Mit dieser Warnung tourte er durch den deutschsprachigen Raum und sprach dabei auch von sogenannten Mischkulturen und von genetischen Schäden, die bei interkonfessionellem Nachwuchs zu erwarten seien. Das war natürlich rassistischer Unsinn, zu Theilhabers Ehrenrettung soll aber auch gesagt sein, dass er ein Vorläufer der Liberalisierung des Sexualstrafrechts war und sich für die Entkriminalisierungen von Abtreibung und Homosexualität einsetzte. Bei einer seiner Veranstaltungen soll auch Franz Kafka zugegen gewesen sein, der hoffentlich laut gelacht hat.

Mit dem Prozess der jüdischen Emanzipation entstanden also neue Ausdrucksformen von Jüdischkeit, die in den folgenden Jahrzehnten das Weltgeschehen mitbestimmten. Der Zionismus etwa erlebte ab dem 19. Jahrhundert einen Entwicklungsschub und differenzierte sich bald in unterschiedliche Strömungen aus. Die Kulturzionisten um Achad Ha'am oder der politische Zionismus von Theodor Herzl nahmen dabei ein distanziertes bis ablehnendes Verhältnis zur Religion ein.[104] Eine andere Richtung schlug die chassidische Bewegung ein, die ihre Wurzeln in den Stetln und ländlichen Regionen Osteuropas hatte und im Gegensatz zu der klassischen Talmudgelehrsamkeit, wie sie in den urbanen Zentren Osteuropas anzutreffen war, die persönliche religiöse Erfahrung und das gemeinschaftliche religiöse Erlebnis in das Zentrum ihrer Lehre stellte.[105] Ganz andere Schlüsse wiederum zog der *Bund*, der die Interessen jüdischer Arbeiter*innen vertrat und bis zur Shoah die dominierende politische Bewegung in Osteuropa blieb. Diese zeitweise wichtigste Keimzelle der kommunistischen Bewegung hatte Niederlassungen in allen größeren industriellen Zentren Osteuropas und vertrat Konzepte wie das der *Doigkeit,* welche die Forderung nach einem jüdischen Staat mit der Forderung nach einer sozialistischen Revolution an Ort und Stelle ersetzte.[106] Der Historiker Amos Elon unterstreicht, dass Juden und Jüdinnen darüber hinaus einen nicht unerheblichen Einfluss auf den Liberalismus hatten, der ab dem frühen 19. Jahrhundert in Deutschland entstand.[107] Und auch die deutsche Arbeiter*innenbewegung besaß von der Jahrhundertwende an mit Rosa Luxemburg eine Orientierungsfigur aus einer jüdischen Familie, die gemeinsam mit Karl Liebknecht 1915 die sozialdemokratische Partei aus Protest gegen die Unterstützung des Ersten Weltkrieges verließ und als Anführerin des Spartakusbundes nach dem Krieg eine grundlegende sozialistische Umgestaltung der Gesellschaft anstrebte.

Für den Moment genügen diese Beispiele, um meine These zu illustrieren, dass Juden und Jüdinnen weder im Gegensatz zu den Deutschen, Österreicher*innen, Tschech*innen, Pol*innen und so weiter existierten, noch als eine Gruppe mit eindeutigen Eigenschaften, politischen Einstellungen oder religiösen Institutionen beschrieben werden können. Besser ist es da schon, die jüdische Geschichte als eine *Reihe* jüdischer Realitäten zu beschreiben, die sich sehr unterschiedlich auf andere Zugehörigkeitskonzepte mit Nationalismus, Religion oder politische Orientierung bezog. In diese Gemengelage trat der Antisemitismus, indem er die Fiktion einer einheitlichen jüdischen, vom Rest der deutschen Bevölkerung unterschiedenen Gruppe konstruierte. Neben dem rassistisch argumentierenden Antisemitismus der völkischen Deutschen gab es auch den liberalen, den sozialdemokratischen, den kommunistischen und den christlichen Antisemitismus. Jede dieser Bewegungen prägte ihre eigenen Vorstellungen davon, wer die Juden seien und was sie als Gruppe ausmache. Nun ist schon vielfach darauf hingewiesen worden, dass die Gruppe, die bei einer Kombination all dieser Antisemitismen entsteht, eine ziemlich eigenartige Form hätte: Die Juden der Antisemit*innen sind reich und arm, impotent und übersexuell, kapitalistisch und kommunistisch, Integrationsverweigerer und assimilierte Zersetzer der Nation. Aber vielleicht funktioniert Antisemitismus gerade deshalb so gut, weil er je nach Perspektive eine andere Fiktion des homogenen Gegenübers produziert.

Gegen diese Fantasie von Homogenität standen die vielen jüdischen Realitäten. Und so war auch mit der Machtübergabe an die Nazis 1933 ganz und gar nicht klar, wer eigentlich diese Juden sein sollten, die angeblich für alle schlechten Dinge vom Friedensvertrag bis zur Wirtschaftskrise verantwortlich waren. Waren es die religiösen osteuropäischen Juden, denen man im Berliner Scheunenviertel begegnen konnte? Oder doch die säkularen Kommunist*innen, die eine sozialistische Revolution forderten? Waren es die assimilierten Juden, die ihre Synagogen mit Orgel und Chor ausgestattet hatten? Die Zionist*innen, die sich in Sommerlagern auf eine Rückkehr nach Palästina vorbereiteten? Oder gar diejenigen, die zum Christentum konvertiert waren? Wie schwierig es war, diese Frage zu beantworten, lässt sich auch daran ablesen, dass die Nationalsozialist*innen einigen Aufwand betreiben mussten, um die Kategorie der Juden zu definieren und in eine rechtliche Form zu fassen, bevor sie Menschen deportieren und vernichten konnten.[108] Man muss sich das klarmachen: Die Nazis erzeugten hier eine aus dem Antisemitismus gewonnene rechtliche Kategorie der Juden, mit der sie Menschen, die in der Realität die unterschiedlichsten Bezüge und Nicht-Bezüge zum Judentum hatten, als Juden zusammenfassten. Und diese Herstellung einer Gruppe der Juden war die Voraussetzung für das, was wir heute als Shoah erinnern.

Angesichts dieser Geschichte der Herstellung der Juden als den Deutschen gegenübergestellte Gruppe muss man vorsichtig sein, die Konstruktion nicht mit der realen Vielfalt lebender Juden und Jüdinnen gleichzusetzen. Und das gilt nicht nur für eine Rekonstruktion der nationalsozialistischen Vernichtungspolitik, die bekanntlich auch jene traf, die sich gar nicht oder nicht mehr als Juden und Jüdinnen verstanden, sondern auch für die Versuche, nach 1945 an die Shoah zu erinnern. Denn mit der Unterscheidung zwischen Deutschen und Juden läuft die deutsche Erinnerungskultur Gefahr, die Kategorien der Nationalsozialist*innen auch in der postnationalsozialistischen Gegenwart zu reproduzieren: Juden als homogene Gruppe mit bestimmten Eigenschaften und Geschichten. Und darum liegt es auch an der deutschen Erinnerungskultur, dass die jüdische Lebendigkeit in der Öffentlichkeit festgeschrieben bleibt auf bestimmte Vorstellungen davon, was Jüdischkeit bedeutet und wie sie sich zum Selbstbild der sich erinnernden und in der Erinnerung neu erfindenden Gesellschaft verhält. Denn auch nach 1945 entsprechen die Realitäten der Juden und Jüdinnen nicht dem Bild, das die Erinnerungsakteure sich von ihnen machen.

Das Drama des Versöhnungstheaters setzt die Konstruktion einer bestimmten Reinheit voraus, denn für das Wir und das Sie etwa bei von Weizsäcker oder Steinmeier werden Juden und Deutsche voneinander abgegrenzt und einander gegenübergestellt. Im Zuge dieser Konstruktion entsteht die Vorstellung, man büße an Deutschsein ein, je jüdischer man wird – und an Jüdischkeit, je stärker man mit der deutschen Seite zu tun hat. Aspekte kultureller, religiöser, biografischer oder sozialer Identitätsbildung, die in der deutschen Gesellschaft ansonsten breit diskutiert werden, treten hinter dieser Anordnung zurück. Aber die Realität sieht selbstverständlich anders aus, denn die real existierende Jüdischkeit hielt sich noch nie an die Vorstellungen, die sich eine nichtjüdische Öffentlichkeit von ihr machte. Nicht Moses Mendelssohn, nicht Heinrich Heine, nicht Karl Marx, nicht Rahel Varnhagen, nicht Hannah Arendt, nicht Theodor W. Adorno, nicht zwischen 1933 und 1945 und auch nicht danach. Manche überlebten in Konzentrationslagern und Verstecken, andere gingen ins Exil, und wiederum andere waren Teil jener Armeen, die Nazideutschland besiegten. Es gab gläubige Menschen, es gab Atheist*innen, es gab koschere Juden und jene, die den Holocaust überlebten, keine jüdische Mutter hatten und anschließend ohne große Diskussionen in die Nachkriegsgemeinden aufgenommen wurden.

Es gab auch jüdisches Leben in der DDR und Sowjetunion, so viel davon, dass es sich auch hier lohnt, von jüdischen Realitäten zu sprechen.

Vielleicht haben Sie sich schon bereitgemacht, an dieser Stelle laut »Hah!« zu rufen und mich als akribische Leser*innen meiner Essays, zu denen Sie selbstverständlich alle gehören, darauf hinzuweisen, dass ich in *Desintegriert Euch!* selbst zwischen Juden und Deutschen unterscheide und damit zwei soziale Gruppen einander gegenüberstelle und homogenisiere. Da haben Sie natürlich recht. Zugleich handelt es sich um ein eigenartiges Missverständnis. Die zentrale Pointe meiner Kritik am Gedächtnistheater, das den Juden bestimmte Rollen zuweist, besteht ja gerade darin, dass es die Kategorie der Juden und der Deutschen überhaupt erst erzeugt, um die Wiedergutwerdung der deutschen Seite zu inszenieren. Die Strategie, die wir in Reaktion darauf als »Desintegration« entwarfen, war inspiriert von einem Satz Hannah Arendts, die im bereits erwähnten Gespräch mit Günter Gaus 1964 sagte: Wenn du als Jude angegriffen wirst, musst du dich als Jude verteidigen. Genau das taten wir, als wir auf unser Banner schrieben: Wenn wir eure Juden sind, dann seid ihr auch unsere Kartoffeln. Ja, Kartoffeln, liebe Kritiker*innen, ich hab's gesagt! Anstatt also zum tausendsten Mal zu erklären, dass es sich bei den Kategorien der Juden und der Deutschen um Illusionen handelt, entschieden wir uns, der Dominanzkultur den Spiegel vorzuhalten und die Projektionen zurückzuwerfen. *Desintegriert Euch!* war kein Buch über Juden und Deutsche, sondern über die Konstruktion von Juden im Drama der Selbstkonstruktion eines geläuterten Deutschlands. Und auch dort findet sich der Verweis auf die Vielfalt jüdischer Realitäten in der Gegenwart. Im vorletzten Absatz des Buches etwa heißt es:

> Wenn wir neue Allianzen schließen wollen, dann müssen wir wegkommen von der Idee der identitären Zugehörigkeit zu einer einzigen Gruppe, von der Idee, wir seien ganz und müssten unsere Ganzheit verteidigen. Jeder Mensch besteht aus vielen Teilen, die sich immer wieder verschieben. Die ungebrochene Identität ist eine gefährliche Illusion.[109]

Sollte es einer deutschen Gesellschaft ernst damit sein, dass sie jüdisches Leben in Deutschland nach 1945 wieder ermöglichen möchte, bedeutet das auch, dass sie sich von lieb gewonnenen Bildern und Figuren verabschieden muss. Juden und Jüdinnen sind nicht nur religiös, konservativ oder auf Israel fixiert, sie sind auch nicht immer auf Versöhnung aus; das Adjektiv jüdisch verweist auf ein Kontinuum in der pluralen gesellschaftlichen Gegenwart. Nicht mehr und nicht weniger.

Was würde es also bedeuten, die Erinnerungskultur so einzurichten, dass das erinnernde, trauernde und gestaltende Wir nicht nur deutsch, sondern auch jüdisch ist? Und nicht nur jüdisch, sondern auch postmigrantisch, hetero, Schwarz, westdeutsch, bürgerlich, vietnamesisch, mit einer spezifischen körperlichen und psychischen Verfasstheit und so weiter? Eine Erinnerungskultur also, die nicht nur danach fragt, was war, sondern auch danach, was heute ist. Und wie wir die Erinnerungskultur so einrichten können, dass sie die Vergangenheit zwar erinnert, sie aber nicht wiederholt.

BEGRENZTE WAHRNEHMUNG. WAS MAN VERGESSEN MUSS, UM WEITERZUMACHEN

Es gibt eine Fotografie des Künstlers Joseph Beuys, entstanden während der Performance *Wie man dem toten Hasen die Bilder erklärt,* die am 26. November 1965 in der Galerie Schmela in Düsseldorf stattfand. Das Schwarz-Weiß-Bild hat mittlerweile ikonischen Status: Beuys sitzt auf einem Hocker, das Gesicht unter einer Maske aus Blattgold und Honig, und hält einen toten Hasen im Arm. So richtig klar war schon Beuys' Zeitgenoss*innen nicht, was da passierte, darum fragte man beim Künstler nach, der sich zur Bedeutung des toten Tieres wie folgt äußerte:

> Für mich ist der Hase das Symbol für die Inkarnation. Denn der Hase macht das ganz real, was der Mensch nur in Gedanken kann. Er gräbt sich ein, er gräbt sich einen Bau. Er inkarniert sich in die Erde, und das allein ist wichtig.[110]

So weit die Selbstaussage von Joseph Beuys. Anlässlich seines 100. Geburtstages zeigte der 1948 in Israel geborene Künstler Joseph Sassoon Semah 2021 in deutschen und holländischen Institutionen Arbeiten, die sich kritisch mit dieser Performance auseinandersetzten. Semah erweitert dabei den Raum der Assoziationen zum Hasen, indem er darauf hinwies, dass einer der Codes, welche die Nazis für die Jagd auf Juden gebrauchten, der Begriff »Hasenjagd« war.[111] Und der Kulturwissenschaftler Gene Ray fügt dieser Liste mit Bezügen zur Shoah noch ein weiteres Beuys-typisches Material hinzu: den

Filz.[112] In Auschwitz und anderen Lagern wurden die Haare der Menschen gesammelt und dann zur Weiterverarbeitung für die Kriegswirtschaft in Fabriken transportiert. Ein Produkt, das dort aus den Menschenhaaren gefertigt wurde, waren Filzdecken. Es ist theoretisch möglich, dass der echte Wehrmachtssoldat Beuys nach seinem historisch belegten Flugzeugabsturz auf der Krim in einem deutschen Lazarett in eine Filzdecke aus menschlichen Haaren gewickelt wurde. Und darauf hätte man auch schon in den 1960er Jahren kommen können.

Es scheint fast so, als hätte zwischen Beuys und seinem Publikum eine unausgesprochene Übereinkunft bestanden, jeden Bezug zur Shoah auszublenden, die kaum zwanzig Jahre vor der Performance stattgefunden hatte. Und zwar nicht, indem man einfach nicht drüber sprach, sondern indem man das Ausblenden sogar als Innovation verkündete, indem man sagte: Dieses Kunstwerk ist autonom und ohne direkten Bezug zur Gegenwart oder jüngeren Geschichte. Nehmen wir stattdessen an, dass das, was Beuys in den Armen hielt, nicht nur ein toter Hase war, sondern auch eine Repräsentation der ermordeten Juden und Jüdinnen. Dann passt dazu die Tatsache, dass Beuys sich in seiner Performance mit dem toten Hasen in einer unverständlichen Sprache unterhielt, die durch die geöffneten Oberlichter der Galerieräume nach draußen zum wartenden Publikum drang. Ist es nicht das, was Interpretation tun sollte: neue Perspektiven auf künstlerische Arbeit zu formulieren? Aber gerade diese Perspektive tauchte jahrzehntelang nicht auf, lieber tat man so, als hätte das Kunstwerk nichts mit der deutschen Gewaltgeschichte zu tun – als wäre es autonom. Die Behauptung, etwas nicht zu verstehen, kann auch eine Schutzbehauptung sein, die man der noch schlimmeren Alternative vorzieht: dass man nämlich wirklich verstehen könnte, worum es geht.

Selbstverständlich könnte es sich bei alldem um einen Einzelfall handeln. Darum ein weiteres Beispiel für das spezifisch deutsche Weghören nach 1945: Am 24. Juli 1967 war der Dichter Paul Celan für eine Lesung aus seinem gerade erschienenen Gedichtband *Atemwende* zu Gast an der Universität Freiburg.[113] Der Andrang zur Veranstaltung war derart groß, dass weitere Hörsäle geöffnet werden mussten, um das heranströmende Publikum aufzunehmen. Kurz nachdem die Veranstaltung begonnen hatte, schritt der Ex-Nazi und Philosoph Martin Heidegger mitsamt seiner Frau Elfriede durch den Hörsaal und setzte sich in die erste Reihe. Als Celan die Lesung seiner Gedichte beendet hatte und von der Bühne hinabgestiegen war, ging Heidegger auf Celan zu, der aber wandte sich ab und lief hinaus. Erst im Foyer der Universität holte der Philosoph ihn ein und schlug vor, den folgenden Tag auf seiner Berghütte in Todtnauberg zu verbringen. Während der kurzen Unterhaltung brachten sich die Pressefotograf*innen in Position und baten die beiden, für ein gemeinsames Bild in die Kameras zu schauen. Aber Celan machte deutlich, dass er kein Foto mit dem vormaligen Aspiranten auf den Posten des Haus- und Hofphilosophen der Nazis und weiterhin hochgeehrten Vertreter der Verdränger*innen, Verharmloser*innen und Verschweiger*innen nach 1945 wünschte. Heidegger suchte daraufhin brüskiert das Weite, wobei die Kränkung so schlimm nicht gewesen sein kann, denn am kommenden Tag begaben sich die beiden dennoch auf den gemeinsamen Ausflug in den Schwarzwald. Danach schrieb Celan folgendes Gedicht:

Todtnauberg

Arnika, Augentrost, der
Trunk aus dem Brunnen mit dem
Sternwürfel drauf,

in der
Hütte,

die in das Buch
– wessen Namen nahms auf
vor dem meinen? –,
die in dies Buch
geschriebene Zeile von
einer Hoffnung, heute,
auf eines Denkenden
kommendes
Wort
im Herzen,

Waldwasen, uneingeebnet,
Orchis und Orchis, einzeln,

Krudes, später, im Fahren,
deutlich,

der uns fährt, der Mensch,
der's mit anhört,

die halb-
beschrittenen Knüppel-
pfade im Hochmoor,

Feuchtes,
viel.[114]

Die verwendeten Sprachbilder wirken wie doppelt belichtet.[115] So bedeutet Arnika auf Deutsch »Augentrost« und könnte eine Art chlorophyllhaltiges Taschentuch meinen; zugleich bezeichnet Arnika in der Botanik eine gelbe sternförmige Blumenart, was sicher nicht zufällig jene gelben Sterne ins Gedächtnis ruft, die Juden und Jüdinnen wie Celan und seine ermordeten Eltern im Nationalsozialismus tragen mussten. Die Knüppelpfade, in einer früheren Version des Gedichtes hieß es noch »-wege«, scheinen auf einen Wanderweg zu verweisen. Gleichzeitig rufen sie auch die Praxis der »Knüppel-Wege« in den Konzentrationslagern auf, bei denen die Insass*innen durch ein Spalier aus Aufseher*innen laufen mussten, die auf sie einschlugen und sie nicht selten zu Tode prügelten. Selbst wenn man annimmt, neben Heideggers Hütte wäre *wirklich* Arnika gewachsen und die beiden wären *wirklich* auf Knüppelpfaden durch den Schwarzwald gelaufen, bliebe doch die Überblendung von erlebter Gegenwart und gewaltvoller Vergangenheit. Der sprachlich gefasste Augenblick tritt so in einen Dialog mit der Gewalt, die unauflösbar mit der Sprache und der Wahrnehmung des lyrischen Ichs verbunden scheint.

Und was sagte Heidegger, als er Celans Gedicht mit einem Brief erhielt: Er bedankte sich für »dieses unerwartete, große Geschenk«, es war wirklich ein schöner Tag, wir sollten das beizeiten mal wiederholen! Oder in den Worten Heideggers:

> Das Wort des Dichters, das »Todtnauberg« sagt, Ort und Landschaft nennt, wo ein Denken den Schritt zurück ins Geringe versuchte – das Wort des Dichters, das Ermunterung und Mahnung zugleich ist und das Andenken an einen vielfältig gestimmten Tag im Schwarzwald aufbewahrt.[116]

Ich meine, dass sich in dieser Passage dasselbe aktive Nicht-Verstehen ausdrückt, das sich auch in der Kompliz*innenschaft zwischen Beuys, dem Publikum und der Kunstkritik zeigt. Dabei zieht auch Heidegger eine nebulöse Dankbarkeit der schlimmeren Alternative vor: dass er nämlich wirklich verstehen könnte, was Celan sprachlich, philosophisch und politisch von ihm forderte. Und macht den Dichter so zu einem von Beuys' toten Hasen, den eine deutsche Öffentlichkeit in den Armen hält und so tut, als könne sie seine Sprache nicht verstehen.

Drittes und letztes Beispiel für das spezifisch deutsche Nicht-Verstehen: Irgendwann während des zweiten Lockdowns begannen meine Freundin und ich halb aus Verzweiflung und halb aus Neugier, Brandenburg zu erkunden. Auf einem dieser Ausflüge ging es nach Oranienburg, eine typische Altberliner Ausflugsstadt nördlich von Berlin, mit protzigen Häusern, Ausflugsrestaurants, funkelndem See und einem ehemaligen Konzentrationslager. Da allerdings Frühling war und Wochenende, liefen wir auf der anderen Uferseite entlang, halb in der Hoffnung, auf diese Weise die KZ-Gedenkstätte Sachsenhausen zu vermeiden, halb versucht, einen besseren Blick auf die Lagerarchitektur am See zu bekommen. Doch ehe wir's uns versahen, stießen wir hinter den Villen, den Badestellen und dem sich anschließenden Naturlehrpfad auf ein ehemaliges Außenlager des KZs: eine alte Bäckerei, ein Klinkerwerk und ein Hafen, den die Häftlinge unter grausamen Bedingungen hatten errichten müssen. Anstatt uns von Sachsenhausen zu entfernen, waren wir an einem anderen Teil des KZ-Geländes angekommen; das Containment der Gedenkstättenarchitektur hatte uns in die Irre geführt. »Gebaut zur Produktion der benötigten Rohstoffe für den Neubau Berlins als Germania durch Albert Speer« lasen wir auf einer verwaisten Gedenktafel bei einem Kanal an dem alten Hafengelände, auf dem sich heute ein Baustoffdepot befindet. Die Beschreibung schloss mit dem knappen Hinweis, dass die SS kurz vor Kriegsende acht Tonnen Menschenasche in den Kanal geschüttet hatte, um die Spuren der Vernichtung zu beseitigen. Achttausend Kilogramm. Ich schaute erst meine Freundin an, dann schauten wir lange auf den Kanal. In Gedanken gingen wir den Weg zurück, den Naturlehrpfad, die Badestellen, die alten und neuen Villen nur einen Kilometer stromabwärts. Als wir den Blick wieder hoben, sahen wir auf der anderen Uferseite die Ausflugsgäste. Und dann ein paar Männer, die ihre Angeln ins Wasser hängen ließen.

In dieser Szene verdichtet sich die Lokalisierung des Vergessens im deutschen Versöhnungstheater. Auf der einen Seite die Orte der Erinnerung, die KZ-Gedenkstätten und Stolpersteine, Mahnmäler und Plaketten, auf der anderen der übrige soziale Raum, der zwar ebenfalls kontaminiert ist von der Gewalt, aber zugleich eigenartig unberührt scheint von dieser Geschichte, sodass man wieder die Angel in den Kanal hängen kann. Achttausend Kilogramm. In der Erinnerungsarchitektur wird die Gewalt nicht nur aufbewahrt, sondern die Menschen sind auch sicher vor ihr. Wenn also ein Stolperstein darauf verweist, dass Juden und Jüdinnen in diesem Haus gewohnt haben, dann taten sie es auf der anderen Straßenseite nicht. Wenn die Juden und Jüdinnen von dem stillgelegten Gleis abtransportiert wurden, dann fährt auf den restlichen Gleisen einfach nur die S-Bahn. Wenn die KZ-Gedenkstätte auf der anderen Uferseite steht, kann ich in diesem See baden gehen und so weiter. Schaut man sich jedoch das weit verzweigte System aus etwa siebentausend Konzentrationslagern und Außenstellen und Ghettos, die vielen Orte der Vertreibung und Misshandlung und Sammlung, des Abtransports und der Ermordung an, dann wird klar, was wir im Kleinen bei unserem Spaziergang erlebten: Jedes dieser Containments ist ein kleiner Schritt in Richtung Entlastung von der Allgegenwart der Zerstörung und Gewalt, die ja auch eine Allgegenwart von Verantwortung und Schuld bedeutet. Denn wenn das überall stattgefunden hat, dann müssen das auch alle mitbekommen haben. Das Versöhnungstheater ist auch dafür da, diese Zweifel zu überbrücken, sodass wir sicher aus der Vergangenheit in die Gegenwart kommen.

Das spezifisch deutsche Nicht-Verstehen ist ein Teil der Erinnerungskultur, weil es den Albtraum, den wir Geschichte nennen, lokalisiert und die restliche Umgebung von ihm entlastet. Aber das Verdrängte verschwindet nicht, weil man die Autonomie der Kunst verkündet oder am ehemaligen Konzentrationslager eine Gedenkplakette anbringt. Denn irgendwo treiben weiterhin acht Tonnen Asche, unmarkiert und doch präsent unter der dünnen Schicht der knapp achtzig Jahre, die seitdem vergangen sind. Während man sich also im Namen der Tätergemeinschaft bei den Opfern für die erfolgte Versöhnung bedankt, sich selbst auf die Schultern klopft und die Normalisierung Deutschlands verkündet, existiert hinter den Kulissen des Versöhnungstheaters eine Realität, die es dem eigenen Selbstbild zufolge eigentlich gar nicht mehr geben dürfte. Aber man macht einfach weiter, unbeirrt davon, dass rechte Terrorbanden Jagd auf Menschen machen, dass eine völkische Partei gleich zwei Mal und in nie gekannter Stärke in den Bundestag einzieht, dass die Bundeswehr selbst nicht so richtig sagen kann, wie viel Sprengstoff und Waffen nun eigentlich aus ihren Beständen verschwunden sind, dass die Polizei die Privatadressen besonders verwundbarer Menschen weitergibt – oder einfach direkt selbst die Drohschreiben verfasst und mit »NSU 2.0« unterzeichnet ... Falls auch Ihnen dieses Land manchmal vorkommt, als hätte es jede Empathie verloren, dann nicht nur wegen der Dinge, die in seinem Namen getan wurden. Sondern auch wegen der Dinge, die es vergessen musste, um weiterzumachen.

DAS PROBLEM MIT DEN DINGEN, DIE NICHT GESCHEHEN SIND

Nachdem ich mich mit den Dingen beschäftigt habe, die man unbedingt sehen wollte, auch wenn sie gar nicht da waren, oder die man vergessen und isolieren musste, um weiterzumachen, möchte ich auch danach fragen, welche Dinge nicht stattgefunden haben, obwohl sie hätten stattfinden sollen. Eine der Besonderheiten der deutschen Erinnerungskultur besteht nämlich darin, auf der symbolischen Ebene etwas zu behaupten, was dann auf faktischer Ebene keine Entsprechung hat. Achim Doerfers bereits erwähntes Buch *Irgendjemand musste die Täter ja bestrafen* etwa verweist im Untertitel nicht zufällig auf »das *Märchen* der deutsch-jüdischen Versöhnung« (meine Hervorhebung), dem er das »Versagen der deutschen Justiz nach 1945« gegenüberstellt. Ich habe in den vorhergehenden Kapiteln immer wieder gezeigt, dass dieses Märchen die Grundlage des Versöhnungstheaters bildet, einer Wiedergutwerdung ohne Wiedergutmachung. Und ich meine, auch Theater, Literatur und Ausstellungen haben einen Anteil an dieser Entwicklung.

Nehmen wir beispielsweise die Erinnerung an die drei Auschwitz-Prozesse, die von 1963 bis 1968 vor dem Schwurgericht in Frankfurt am Main stattfanden. Die Prozesse wurden schnell zum Bezugspunkt für künstlerische Arbeiten, wobei die bekannteste Arbeit sicherlich das 1965 uraufgeführte Stück *Die Ermittlung* von Peter Weiss ist.[117] Bei dem Theaterstück handelt es sich um eine Arbeit des dokumentarischen Theaters, dem es um eine bewusst reduzierte und weitgehend präzise Nachbildung einer Gerichtsszene geht, ergänzt um einige wenige, dafür aber umso wirksamere Verfremdungseffekte. Das Stück war bei Erscheinen umstritten, wurde in den folgenden Jahrzehnten aber zu einem wichtigen Bezugspunkt einer Erinnerungsarbeit mit den Mitteln des Theaters. Weiss ging es damals um Universalisierung, was eine wichtige Neuerung im Theater bedeutete. Heute würde man das Wort »Juden« wohl nicht mehr vermeiden, wenn man einen Auschwitz-Prozess dokumentarisch auf die Bühne bringt.

Mich interessiert hier weniger eine Kritik des Stückes selbst als die Frage, welche Wirkung es eigentlich hat, wenn es etwa im Rahmen der Jahrestage von Auschwitz-Prozessen und anderen Strafverfahren auf dem Spielplan steht. Denn mir scheint, die Erinnerung an Dinge, die passiert sind, bedeutet fast schon zwangsläufig eine Überbetonung der rechtlichen Aufarbeitung, von der wir doch wissen, dass sie bis auf wenige Ausnahmen niemals stattgefunden hat. Erinnern wir angesichts dieser Geschichte ausgebliebener Strafverfolgung immer wieder an die Auschwitz-Prozesse in Frankfurt, die Nürnberger Prozesse oder andere große Verfahren, dann erzeugt das den Eindruck, dass eine Aufarbeitung und Entschädigung auf juristischer Ebene umfassend geschah. Und das ist genau die Geschichte, die sich die deutsche Gesellschaft so gern erzählt. Das (dokumentarische) Theater hat einen Anteil an der Erzeugung des neuen deutschen Selbstbildes, selbst wenn es das gar nicht beabsichtigt.

Offensichtlich ist das alles nicht nur ein ideologisches Problem, sondern auch eines der Mittel. Denn dokumentarisches Theater basiert ja schließlich darauf, Dinge auf die Bühne zu bringen, die stattgefunden und sich in Archiven materialisiert haben. Wollte man also den falschen Eindruck vermeiden, müsste man zugleich nach einer anderen Sprache suchen – einer, die nicht nur die Dinge beschreibt, die passiert sind, sondern auch all jene Dinge, die hätten passieren sollen. Ein solches *post*dokumentarisches Theater müsste dann auch den Nationalsozialismus selbst thematisieren. Auch hier lohnt der kritische Blick auf die Wirkung, die der Fokus auf Zeitzeug*innen und jüdische Stimmen auf deutschen Bühnen, in der Berichterstattung und der offiziellen Erinnerungskultur hat. Der Effekt dieser Erzählungen ist ein doppelter: Einerseits wird die Erinnerung daran bewahrt, was wirklich stattfand. Und dieser Aspekt ist sehr wichtig. Zugleich beinhaltet der Zeitzeug*innenbericht bereits das Versprechen, dass die Person überlebte. Und hier trägt die Form zu dem verzerrten Abbild eines historischen Ereignisses bei, das die meisten eben nicht überlebten. Für diese Toten haben wir keine Sprache und wohl auch keine Geduld, denn Versöhnung wäre von ihnen vermutlich nicht zu haben.

Für die Ausstellung »Rache – Geschichte und Fantasie«, die vom März bis Oktober 2022 im Jüdischen Museum Frankfurt am Main stattfand und die ich gemeinsam mit Mirjam Wenzel, Erik Riedel und Janis Lutz kuratierte, sammelten wir Aussagen von Menschen, die die Shoah nicht überlebten und die in Briefen verschickt, in Flaschen versteckt, an Wände oder in Objekte gekratzt worden waren. Ein Beispiel für viele ist der Abschiedsbrief von Salomea Ochs vom 26. April 1943, einer Musiklehrerin aus Tarnopol. Darin heißt es am Ende:

> Es ist nicht leicht, Abschied für immer zu nehmen, aber wir gehen schon lachend in den Tod. Lebt wohl, lasset es Euch recht gut gehen, und wenn Ihr könnt, dann nehmt einst Rache.[118]

Das ist nur eine von vielen Nachrichten, die eine Haltung der Unversöhnlichkeit vermitteln, auf die ich schon am Anfang dieses Buches verwiesen habe. Ein weiteres Zeugnis dafür ist ein Artikel, den der tschechische Schriftsteller Johannes Urzidil am 28. November 1941 in der deutschsprachigen Zeitung *Aufbau* veröffentlichte, die in New York erschien:

> Der Leser fragt: Wie soll das alles überhaupt jemals wieder gut werden? Die Antwort lautet: Es soll gar nicht »gut« werden! Der Schlagschatten der Untaten des deutschen Nationalsozialismus soll aus dem Bilde der Weltgeschichte nicht weichen, er soll nicht von falschen Lichtern verbrämt oder übertüncht werden.[119]

»Aber was ist denn mit Anne Frank?«, könnten Sie jetzt fragen und einwerfen, dass nicht alle Shoah-Opfer so unversöhnlich waren. Handelt es sich bei Anne Frank nicht um die prominenteste jüdische Stimme der Shoah überhaupt, die sich bekannterweise erst in Amsterdam versteckte, dann im Konzentrationslager ermordet wurde und als ein exemplarische s Beispiel eines versöhnlichen Opfers gilt? Als Beleg wird nicht selten folgender Auszug aus ihrem Tagebuch vom 14. Juli 1944 angeführt, in dem es unter anderem heißt:

> Es ist ein Wunder, daß ich all meine Hoffnungen noch nicht aufgegeben habe, denn sie erscheinen absurd und unerfüllbar. Doch ich halte daran fest, trotz allem, weil ich noch stets an das Gute im Menschen glaube.[120]

Ich bin versucht, mit Dara Horn, Autorin des bereits erwähnten Buches *People Love Dead Jews*, zu fragen, ob Frank an diesem Glauben auch dann noch festhielt, als sie verraten und nach Bergen-Belsen deportiert wurde.[121] Selbstverständlich können wir diese Frage nicht beantworten, denn die Dokumente, die wir haben, enden mit dem Verrat von Franks Versteck. Relevant ist sie trotzdem, gerade wenn wir über die Möglichkeiten und Grenzen der dokumentarischen Methode und des Zeitzeug*innenberichts nachdenken. Die Macher*innen der Fischer-Taschenbuch-Ausgabe in meinem Regal jedenfalls schienen so begeistert von dem Satz »Ich glaube an das Gute im Menschen«, dass sie ihn auf das Cover druckten. Und das ist doch bemerkenswert für ein Tagebuch, das von einer jungen Frau verfasst wurde, die am Ende ein Opfer der Vernichtungswut der Nationalsozialist*innen wurde.

Hier müsste eine andere Sprache ansetzen. Eine, die von einer unversöhnlichen Anne Frank erzählt. Von der Verzweiflung, die sie überkommen haben mag, als das Gute, an das sie glaubte, nicht bei den Verrätern ihres Verstecks, nicht beim Bahnpersonal der Deportationszüge, nicht bei der holländischen und deutschen Bürokratie und auch nicht bei den deutschen Wachmannschaften und ihren Hilfstruppen in den Konzentrationslagern zu finden war, in die sie deportiert wurde. Was würde es bedeuten, sich Anne Frank als einen unversöhnlichen Menschen zu denken? Einen, der Deutschland und Europa sein Versöhnungstheater um die Ohren gehauen hätte. Und das wäre erst der Auftakt. Denn diese Sprache würde auch von den Auschwitz-Prozessen berichten, die niemals stattgefunden haben. Prozesse gegen diejenigen, die die Verstecke der Juden und Jüdinnen verrieten, die sich an ihrem Eigentum bereicherten, die in ihre Wohnungen zogen, ihre Firmen übernahmen, ihre Gedanken als die eigenen ausgaben.

Es wäre eine Sprache, die den Kindern von Überlebenden der Shoah erlaubte, von ihren Eltern und der sie umgebenden westdeutschen Gesellschaft zu erzählen, ihrer Trauer, Wut und Enttäuschung über die Erinnerungsgesten zweier Gesellschaften, auf die nichts folgte, was sie hätten ernst nehmen können, keine Konkretisierung, keine Verantwortung, keine Rücknahme der Amnestien für Verbrechen während der Nazizeit; einer ostdeutschen Gesellschaft, die sich für den eigenen Antifaschismus und die eigene Aufarbeitung auf die Schultern klopfte, während sie die Nazis und den Antisemitismus immer nur bei den anderen verortete und die Gewalt und Denkweisen nicht weiter bearbeitete, die das alles möglich gemacht hatten. Eine Sprache, in der Raum wäre für Untröstlichkeit und Unversöhnlichkeit.

Eine Sprache, die nicht lange gefackelt hätte. Eine, die eine Sammlung für Raubkunst eröffnet und sie Rothschild Forum nennt. Eine Sprache, mit der man an die Türen von ganz gewöhnlichen Deutschen klopft und sagt: Ihr habt zwanzig Minuten, und ihr könnt mitnehmen, was in eure Arme passt. Eine Sprache, die die Dauerleihgabe von Anne Frank widerruft. So war das nicht gedacht, und darum wollen wir sie zurück. Eine Sprache, die in die Museen einbricht und all die Koffer aus all den Vitrinen dieses Landes zurückholt. Als Zeichen der Läuterung, die zum ersten Mal erfolgreich gewesen sein wird. Weil sie Schmerzen verursacht, weil sie eine Leere hinterlässt, weil sie euch wirklich etwas kostet.

Die Jahrzehnte seit der Vereinigung der beiden Deutschlande haben gezeigt, dass man lieber noch zwanzig Denkmäler für die ermordeten Juden und Jüdinnen Europas baut, als die Täter*innen zur Rechenschaft zu ziehen und die Betroffenen für ihr Leid und ihre Verluste zu entschädigen. Eine Sprache, die kein Versöhnungstheater braucht, keine Gebete, keine Stolpersteine, keine Mahnmale. Die die Umschriften für das Kaddisch austeilt, die ein paar Rabbiner schickt, ein paar traurige Klezmariks, damit die deutsche Gesellschaft betrauern kann, was sie niemals hatte. Eine Sprache für einen Davidstern auf dem Stadtschloss.

Seit einiger Zeit organisiere ich gemeinsam mit meinem Kollegen Aladin El-Mafaalani eine Diskussionsrunde, die alljährlich um den 24. Dezember gesendet wird, halb Weihnachts-Ersatzprogramm, halb Jahresrückblick. 2021 fragte mich eine unserer Gäste, ob es mir etwa egal sei, wo ich beerdigt würde. Später dachte ich, ich hätte antworten können: Die letzten zwei Generationen meiner jüdischen Familie sind nicht auf einem jüdischen Friedhof beerdigt worden. Die einen, weil sie erschossen, vergast oder verbrannt wurden. Die anderen, weil sie Kommunisten waren und mit dem religiösen Judentum nichts zu tun haben wollten. Die Dritten, weil die Gemeinde kein Zuhause für sie wurde. Mag sein, dass der Glaube für den jüdischen Teil meiner Familie ab einem bestimmten Zeitpunkt keine Rolle mehr gespielt hat. Ich weiß es nicht. Ich hätte antworten können, dass ich mal ein Gedicht geschrieben habe, das endete mit der Strophe:

den talit brauche ich nicht
meine familie hat gelernt
nackt zu sterben.[122]

Da ist ein Schmerz, für den keine*r aus dem jüdischen Teil meiner Familie eine Sprache hat. Eine Verzweiflung, eine Unruhe, eine Untröstlichkeit, ein Gefühl, von allen allein gelassen worden zu sein, das einfach nicht weggehen will. In den vergangenen Jahren habe ich gemeinsam mit meinen Freund*innen immer wieder versucht, mich diesem Gefühl aus unterschiedlichen Richtungen zu nähern. Im Theater bei den Radikalen Jüdischen Kulturtagen, beim Desintegrationskongress oder den Tagen der Jüdisch-Muslimischen Leitkultur. In filmischen Arbeiten wie unserem jüdischen Fakenews-Kanal JewsNewsToday oder den Arbeiten von Daniel Laufer für die Rache-Ausstellung im Jüdischen Museum Frankfurt am Main. In Gedichtbänden und Essays, in Reden und Gesprächsrunden. In der bereits erwähnten Ausstellung zur Kulturgeschichte jüdischer Rache. Wir haben dabei gewohnte Geschichten anders und andere Geschichten das erste Mal erzählt. Und das war auch als eine Intervention in einen Raum gedacht, der vermeintlich schon immer gewusst hat, dass Juden und Jüdinnen die sind, die man umgebracht hatte – religiös, konservativ und zerbrechlich wie Porzellan.

Stella Leders 2021 erschienenes Memoir *Meine Mutter, der Mann im Garten und die Rechten* erzählt eine jüdische Geschichte über die Shoah, die DDR und ein Aufwachsen in der westdeutschen Provinz in den 1990er Jahren.[123] Stella beschreibt, wie ihre Mutter als Tochter des jüdischen Autors Stephan Hermlin und einer antisemitischen Mutter aufwuchs. Die sich eine Überlebensstrategie zurechtlegte, die nicht spurlos an Leder vorbeiging. Und so lautet der erste Satz ihres Buches: »Als Kind hatte ich Angst, meine Mutter könnte sich das Leben nehmen, und so nahm ich mir vor, immer zu lächeln, um sie am Leben zu halten.«[124] Die Nachkommen der Überlebenden legen sich solche Strategien zurecht, um mit dieser immensen Verantwortung umzugehen, der Wachsamkeit, der Wut, der Untröstlichkeit und der Angst ihrer Eltern. Nicht selten wirken diese Strategien eigenartig, weil die Außenwelt sie nicht nachvollziehen kann. Aber das liegt nicht an uns, sondern an einem Land, das bis heute keine Sprache gefunden hat dafür, dass die Vergangenheit nun einmal passiert ist, wie sie passierte. Was nicht bedeutet, dass es diese Sprache nicht bereits gebe. Sie sickert durch die Risse und Lücken der Erinnerungskultur. Und wenn man ihrer Spur folgt, findet man eine andere Geschichte.

[POST-]MIGRANTISCHE ERINNERUNGSKULTUR. AUSLÄNDER, WEHRT EUCH!

2021 feierte Deutschland nicht nur 1700 Jahre jüdisches Leben, sondern auch das 60. Jubiläum des deutsch-türkischen Anwerbeabkommens. Das Abkommen steht Pate für eine Reihe von Vereinbarungen, die Westdeutschland ab den 1950er Jahren mit anderen Staaten abschloss, um Arbeitskräfte für die eigene Wirtschaft anzuheuern, die unter kräftiger Starthilfe durch die USA zum sogenannten Wirtschaftswunder ansetzte. Es ist vielfach betont worden, dass dieser Begriff irreführend ist, denn weder handelte es sich um ein Wunder, noch lag es an der Arbeitsbereitschaft der Deutschen, entscheidend waren wirtschaftliche Impulse aus den USA. Das hat Ulrike Herrmann, Wirtschaftskorrespondentin bei der *taz*, 2019 noch einmal in einem Buch unterstrichen, das den schönen Titel *Deutschland, ein Wirtschaftsmärchen* trägt.[125] Diese Tatsachen hinderten die deutsche Öffentlichkeit nicht daran, am Mythos des »Wirtschaftswunders« zu stricken, weil es sich so schön in das eigene Narrativ von Zerstörung und Wiederauferstehung fügte. Und selbst wenn die Urheberschaft des folgenden Franz-Josef-Strauß-Zitats umstritten ist, passt es doch genau in diese Erzählung: »Ein Volk, das diese wirtschaftlichen Leistungen erbracht hat, hat ein Recht darauf, von Auschwitz nichts mehr hören zu wollen.«

Wenn es eine Aufbauleistung gab, dann handelte es sich zu einem nicht unerheblichen Teil um eine gemeinsame europäische Anstrengung. Das unterstreicht Herrmann, wenn sie schreibt, dass nach 1945 alle westeuropäischen Länder einen rasanten wirtschaftlichen Aufstieg verzeichneten, die

Erholung also mitnichten ein deutsches Phänomen war. Aber auch für Deutschland sollte klar sein, dass der Wiederaufbau und die rasant steigende Produktivität bald auf dem Rücken von Menschen lasteten, die aus Italien, Griechenland, Spanien, Portugal und der Türkei nach Deutschland gekommen waren. Weil die deutsche Gesellschaft sich noch viele Jahrzehnte nach 1945 und häufig bis in die Gegenwart ethnisch definierte, werden diese Menschen bis heute als »Gastarbeiter« bezeichnet – in der DDR sprach man von »Vertragsarbeitern«, das war auch nicht besser. Der Begriff »Gastarbeiter« drückt aus, welche Vorstellungen man sich davon machte, wer da eigentlich nach Deutschland kam: arbeitende Gäste, die nach getaner Arbeit wieder in ihre Länder zurückkehren sollten. Das ist nicht nur Ausdruck eines für andere Weltteile schwer nachzuvollziehenden Verständnisses von Gastfreundschaft, auch die Idee der Rückkehr entpuppte sich bald als Illusion, an der man selbst dann noch festhielt, als die zweite Generation von Gastarbeiter*innen bereits in Deutschland geboren und sozialisiert worden war und sich anschickte, dem Land einen frischen Anstrich zu geben.

Angesichts dieser gedanklichen Trägheit überrascht es nicht, dass bei der Sechzig-Jahre-Feier 2021 nicht die menschlichen, sondern die *wirtschaftlichen* Erfolgsgeschichten von Integration und sozialem Aufstieg dominierten. Und tatsächlich gibt es viele Beispiele dafür. Sie sind Teil der Erzählungen von Migrant*innen und ihren Familien und werden zu Recht oft voller Stolz weitergegeben. Und der Stolz ist ja auch irgendwie nachvollziehbar, denn in der post-nationalsozialistischen bundesrepublikanischen Gesellschaft brauchte es viel Mut und Kraft, um sich durchzusetzen. Diejenigen, die es schafften, haben es *trotzdem* geschafft. Zugleich führt ein überstarker Fokus auf wirtschaftliche und soziale Erfolge dazu, dass andere wichtige Beiträge migrantischer Communitys in Deutschland bis heute ausgeblendet bleiben. Einer davon sind die politischen Kämpfe, die Impulse für eine Reimagination der deutschen Gesellschaft lieferten und die außerdem ein anderes Licht auf die deutsche Erinnerungskultur werfen. Sie wurden auch im Jubiläumsjahr weitgehend vergessen.

Der Dokumentationsband *Antifa Gençlik* erschien 2014 erstmals im Unrast Verlag.[126] Er versammelt Flugblätter, Pamphlete und Artikel der Antifa-Jugend, die als selbstorganisierte Gruppe migrantischer Jugendlicher in Berlin in den späten 1980er Jahren auch in Reaktion auf die Zunahme rechter Gewalt entstand. Die Antifa Gençlik konzentrierte sich auf die Zusammenarbeit mit Jugendbanden aus den migrantisch geprägten Vierteln Berlins und organisierte neben politischen Kundgebungen auch Kurse zur Selbstverteidigung gegen die zunehmende neonazistische Gewalt. Die theoretische Basis, das machen die Flugblätter klar, bezog sie dabei aus bestehenden marxistischen Strukturen türkischer und kurdischer Gastarbeiter*innen. Die 1980er und 1990er Jahre waren harte Zeiten für migrantische oder als migrantisch wahrgenommene, jüdische und Schwarze Menschen. Und diese reagierten mit Angst, aber auch mit einer gesteigerten Bereitschaft zur Selbstverteidigung. Das zeigt folgende Passage aus einer Flugschrift, die auf die Ermordung des achtundzwanzigjährigen Mosambikaners Jorge Gomondai am 31. März 1991 Bezug nimmt:

> Ramazan Avci, Ufuk Sahin, Mazhar … und jetzt der Mosambikaner Jorge Gomondai … Wer ist als nächstes dran? Vielleicht du, vielleicht er oder ein anderer! Werden wir immer zuschauen, wenn die Nazimörder uns wie die Schafe schlachten? Wie viele sollen noch sterben? […] Wollen wir weiter schweigen und die neuen Juden Deutschlands werden?[127]

Man kann diesen Vergleich für übertrieben halten oder sich daran erinnern, dass sich die Debatte seitdem weiterentwickelt hat. Die Autor*innen jedenfalls ordnen die gewaltvolle Gegenwart, die sie umgibt, in eine deutsche Vernichtungsgeschichte ein. Und das kann auch als kritischer Beitrag zum Versöhnungstheater verstanden werden. Denn sie wussten, dass auch sie gemeint waren, als Nazis den Vertragsarbeiter Gomondai in Dresden erst schlugen und dann aus einer fahrenden Straßenbahn warfen – das erste Todesopfer eines rassistischen Angriffs nach der sogenannten Wiedervereinigung, viele weitere folgten. Die Antwort der Antifa Gençlik markiert den hellwachen Versuch, die Wiederholung dieser sehr deutschen Geschichte zu verhindern, von deren Gegenwart das vereinigte Deutschland nichts mehr wissen wollte. In diesem Sinne heißt es im Flugblatt weiter:

> Wenn wir uns nicht schon heute organisieren und dem zunehmenden Naziterror entgegentreten, wenn wir nicht heute ihnen [sic!] eine Antwort geben, dann wird es morgen zu spät sein. Wie heißt unser Sprichwort: »Den Kopf der Schlange sollte man zerdrücken, noch wenn sie klein ist.« Wir denken, daß die Nazis

> ihre Antwort heute noch bekommen, egal was andere dazu sagen.[128]

Der Dokumentarfilm *Duvarlar – Mauern – Walls* des Regisseurs Can Candan versammelt Interviews, die er kurz nach dem Mauerfall mit einigen der damals etwa 140 000 türkischstämmigen (West-)Berliner*innen führte. Im Zentrum des Films steht die Frage, wie sie die Ereignisse um 1989/90 erlebten und was es für sie bedeutete, in Deutschland zu leben. Dabei geht es aber nicht nur um die vielleicht erwartbaren Erzählungen von Mauerfall und Begegnung mit Ostdeutschland, sondern auch um die zunehmende rassistische Gewalt. Eine der Gesprächspartnerinnen ist Filiz Yüreklik, die 1964 als Arbeiterin nach Berlin kam, in Kreuzberg einen kleinen Laden betrieb und gemeinsam mit ihrer 1973 in Berlin geborenen Tochter Şafak Yüreklik vor der Kamera sitzt. Yüreklik sagt über die rassistischen Angriffe:

> Sie [die Skinheads] gehen sogar so weit, dass sie die Menschen verbrennen wollen. Sie zünden sie im Schlaf an. Das gab's ja auch schon früher. Dabei wurden erst vor ein oder zwei Generationen Menschen in diesem Land bei lebendigem Leibe in Öfen verbrannt.[129]

Das ist eine ähnliche Einordnung, wie sie ungefähr zeitgleich bei der Antifa Gençlik zu finden ist. Bei beiden scheint ein Bewusstsein auf, dass es sich bei der deutschen Gegenwart um eine Gegenwart *nach* dem Nationalsozialismus handelte, die daher nicht zufällig von seinen Denkweisen geprägt war und wenig an Bedrohlichkeit eingebüßt hatte. Yüreklik führt weiter aus:

> Solange die Idee eines Nazi-Deutschlands in den Köpfen der Menschen fortbestehen bleibt, und diese immer noch in ihnen steckt, kann man sich als Ausländer(in) auf den Kopf stellen, sich integrieren, einen deutschen Pass haben, hier Wurzeln schlagen, ja sogar hier geboren sein wie meine Tochter, es bringt alles nichts.[130]

Yüreklik beschreibt damit eine spezifische Lebenswirklichkeit migrantisierter Menschen im postnationalsozialistischen Deutschland. Zu Beginn der 1990er Jahre fanden diese sich eingekeilt zwischen exzessiver Gewalt in Kontinuität mit der deutschen Gewaltgeschichte und einem sich intensivierenden Integrationsparadigma, das signalisierte: Wenn ihr euch nur »richtig« benehmt, werdet ihr irgendwann Teil dieser Gesellschaft sein.

Es ist kein Wunder, dass in diesem Integrationstheater kein Platz ist für die politische Geschichte der (post)migrantischen Communitys – und damit für eine Erzählung von der Handlungsfähigkeit des Gegenübers. Denn dort existieren Migrant*innen vor allem als gut integrierte Gäste oder aber als Teile einer integrationsunwilligen Parallelgesellschaft; politische Handlungsfähigkeit ist in dieser Konstruktion nicht vorgesehen.[131] Die tatsächliche Lebensrealität bestand für viele nach Deutschland immigrierte Menschen seit den 1950er Jahren darin, sich mit den Realitäten einer postnationalsozialistischen Gesellschaft auseinanderzusetzen und Strategien zu entwickeln, den Kontinuitäten der Gewalt und der Diskriminierung etwas entgegenzusetzen. Das waren keine Fragen des Interesses, sondern des Überlebens. Und die Beispiele oben zeigen: Lange vor den dezentralen

Strukturen der Migrantifa oder den Kunstaktionen von Kanak Attak in den nuller Jahren gab es eine spezifische migrantische Selbstorganisation und eine migrantische antifaschistische Praxis, die auf ein Bewusstsein in den Communitys verweist, in welchem Land sie sich befanden und welchen Gefahren sie deshalb ausgesetzt waren.

Der Autor und Shoah-Überlebende Ralph Giordano verfasste zwei Tage nach den Anschlägen von Mölln am 1. Juni 1993 einen Text, der den Titel »Nach Solingen: Ausländer – wehrt euch!« trägt.[132] Darin entwirft er die Vision eines gemeinsamen jüdischen und migrantischen Widerstands, die auch als Manifest eines praktischen *Verbündet-Seins* in der postnationalsozialistischen Gesellschaft zwischen unterschiedlichen bedrohten Minderheiten verstanden werden kann.[133] Darin heißt es:

> Wehrt Euch, laßt Euch von deutschen Verbrechern nicht abfackeln, duldet nicht, daß sie Eure Mütter, Eure Väter, Brüder, Schwestern, Söhne & Töchter töten! Seid vorbereitet, wenn sie kommen. Bewacht Eure Heimstätten selbst und fordert Deutsche auf, mit Euch zu wachen – es werden sich ihrer, da bin ich sicher, genug anfinden. […] Es ist Euer verdammtes Recht, Euren Schutz selbst zu besorgen, wenn der Staat Euch nicht schützen kann.[134]

Ähnlich wie die Antifa Gençlik fordert Giordano die Bedrohten auf, sich zu wehren, falls der Staat seiner Aufgabe nicht nachkommt. Dabei argumentiert er mit der eigenen historischen Erfahrung der Hilflosigkeit, der Einsicht auch, zu lange stillgehalten zu haben. Das ist der Ausgangspunkt seiner Reaktion auf den Mord an den Familien Arslan und Yılmaz in Mölln:

> Wir Überlebenden des Holocaust und unsere Angehörigen, wir werden unseren Todfeinden nie wieder wehrlos gegenüberstehen – niemals! Und der Schwur bleibt, solange der Todfeind bleibt. [...] Das war es, was ich sagen wollte, in Trauer um fünf weitere Tote und in zorniger Bereitschaft, der braunen Alt- und Neupest in Deutschland solange Paroli zu bieten, bis *sie* die endgültige Verliererin der Geschichte sein wird.[135]

Giordanos Text erschien in einer Zeit, in der der CDU-Kanzler noch mit folgenden Worten reagierte: Wer Giordanos Aufruf Folge leistet, wird es mit der vollen Härte des Gesetzes zu tun bekommen.[136] Diese Härte hatten wenige Monate vor Erscheinen des Textes Mitglieder der französischen Student*innenorganisationen Tagar und Betar und der Gruppe »Söhne und Töchter der deportierten Juden Frankreichs« (FFJDF) bereits zu spüren bekommen, die für eine Protestaktion nach Rostock gereist waren. Am 19. Oktober 1992 hatten die sechsundvierzig Aktivist*innen, unter ihnen auch die als »Nazijäger« bekannten Serge und Beate Klarsfeld, zunächst eine Gedenktafel am Rostocker Rathaus angebracht. Dann verbrannten sie eine Hakenkreuzfahne, verprügelten einen Skinhead und verschafften sich Zugang zum Rathaus, wo sie einen CDU-Fraktionsraum aufbrachen und Fahnen sowie Transparente mit den Aufschriften »Germany, don't forget history« und »Damals vergast, heute abgeschoben« aus den

Fenstern hielten.[137] Im Zuge der Aktionen kam es zu Auseinandersetzungen mit der Polizei, die vier der Aktivist*innen verhaftete. Mitglieder der jüdischen Jugend- und Student*innenorganisationen befreiten die Demonstrant*innen daraufhin aus dem Polizeigewahrsam. Ein Sondereinsatzkommando der Polizei setzte die Aktivist*innen wiederum in einem Bus fest und nahm sie in Gewahrsam[138]; übrigens dieselbe Rostocker Polizei, die sich wenige Wochen vorher von der Zentralen Aufnahmestelle für Asylbewerber (ZASt) und dem Sonnenblumenhaus zurückgezogen hatte, weil sie sich so erhoffte, die immer weiter eskalierende Pogromstimmung, in den Worten des damaligen Einsatzleiters Deckert, wieder »auf Normalität runter[zu]fahren«.[139]

Wie bei Giordanos Text handelt es sich bei der Rostocker Aktion um eine Geschichte aktiven Verbündet-Seins, denn bei der Aktion ging es um eine Kritik am deutsch-rumänischen Abschiebevertrag, der am 24. September 1992 beschlossen worden war und der eine schnellere Abschiebung von asylsuchenden Rom*nja nach Rumänien ermöglichen sollte. Darin zeigt sich eine Bereitschaft auf jüdischer Seite zur entschiedenen Solidarisierung mit anderen Opfern struktureller Diskriminierung und staatlicher Gewalt, die ich in der Gegenwart manchmal vermisse (und auch Giordano verlor Jahre später anlässlich eines Moscheebaus in Köln politisch die Orientierung). Die Rostocker Aktion beweist außerdem ein Bewusstsein für die Wurzeln der Gewalt und die Kontinuitäten, die darin sichtbar werden. Während also das deutsche Wir spätestens ab den 1990er Jahren die eigene *Wieder*gutwerdung und *Wieder*vereinigung feierte, erlebten die (Post-)Migrant*innen, Juden und Jüdinnen, Afrodeutschen und andere Bedrohte eine ganz andere Geschichte der *Wieder*kehr.

Daran hat sich bis heute nicht viel geändert, das Versöhnungstheater läuft einfach weiter, bis es wieder knallt und man kurz den Partyhut zurechtrückt, um den neuen Toten ein Denkmal neben das der alten Toten zu stellen. Und alle, die das Unglück hatten und haben, dass ihre Geschichte sich mit diesen Gewaltexzessen überschneidet, haben eben Pech gehabt.

Es ist eine besonders perfide Entwicklung, dass die deutsche Erinnerungskultur im Rahmen der Integrationsdebatte zum Ausgangspunkt für die mal verdruckst, mal unverhohlen formulierte Anklage wird, migrantisierte Menschen könnten unmöglich verstehen, was *Verantwortung* in Deutschland nach 1945 bedeute. Diese Erfahrung beschreibt Mohamed Amjahid in seinem Essay *Der Weiße Fleck* von 2021, der sich mit Rassismus in der deutschen Gegenwart befasst.[140] Nur wer sich mit der Erinnerungskultur made in Germany und sämtlichen ihrer Inhalte identifiziere, könne dem Argument zufolge auch zu Deutschland gehören – und ohne Nazigroßväter sei das ohnehin fast unmöglich.[141] Hinter dieser Forderung nach einer umfassenden Bejahung der deutschen Erinnerungskultur liegt ein ähnlicher Fehlschluss wie hinter Aleida Assmanns Argument, eine Kritik an der Normalisierung des deutschen Nationalismus bedeute einen Mangel an Identifikation mit der deutschen Demokratie: Wer so argumentiert, für den beweist jede noch so sinnvolle Kritik einen Mangel an Zugehörigkeit. Das hat mit demokratischer Kritikfähigkeit dann tatsächlich nicht mehr viel zu tun.

Zwei Jahrzehnte nach Giordanos wütendem Pamphlet veröffentlichte Mely Kiyak eine ihrer Theaterkolumnen für das Berliner Maxim Gorki Theater, die den Titel »Familie Kiyak weint um Familie Friedman« trägt.[142] Darin erzählt sie, wie sie als Kind die Pogrome von Lichtenhagen erlebte, ihre Entrüstung und ihr Gefühl der Einsamkeit, als kein*e einzige*r Politiker*in zu den Anschlagsorten fuhr. Die einzigen Besucher waren der damalige Vorsitzende des Zentralrats der Juden Ignatz Bubis und Michel Friedman, der dort die Kulturabteilung leitete. Offenbar hatten migrantische und migrantisierte, jüdische und Schwarze Menschen nicht nur ein klares Bild davon, in welchem Land sie lebten, sie zogen auch konkrete praktische Schlüsse aus diesem Bewusstsein. Damit waren sie der deutschen Erinnerungskultur und ihrem alleinigen Fokus auf die symbolische Ebene des Erinnerns nicht nur ebenbürtig – was den Umgang mit einer vielfältigen Gegenwart und Vergangenheit angeht, waren sie ihnen bereits damals weit voraus.

Jahre nach den Ereignissen von Rostock-Lichtenhagen ging Mely Kiyak mit ihren Eltern ins Kino und sah dort *Schindlers Liste*. Und da weinten ihre Eltern um Familie Friedman. Was ist das, wenn nicht ein Gegenentwurf zum Versöhnungstheater – der Ausdruck einer gemeinsamen Untröstlichkeit über die Geschichte, die Verbindungen schafft, anstatt zu spalten? Denn auf Ebene der Empathie ist Erinnerung kein Nullsummenspiel. Es ist genug Trauer für alle da.

HALLELUJA AUF DIE FLEX! INTERVENTIONEN IN DAS VERSÖHNUNGSTHEATER

Wie jedes Jahr musste ich mich auch 2021 erst einmal vom 27. Januar erholen. Meine Lieblingsstory war diesmal: Ein paar Aktivist*innen hatten das sogenannte *Gonsenheimer Ehrenmal* in Mainz mit Farbe bearbeitet und dazu den Spruch »Kein Gedenken für Mörder« auf den Sockel gesprüht. Verständlich, wenn man bedenkt, dass eine Tafel das Denkmal schmückt, auf der fünf stahlbehelmte Männer unter dem Schriftzug »1939–1945« einen Toten tragen, dass auf einer weiteren Tafel »Für unser Volk« steht, auf einer dritten »Im Gehorsam«. Beim Gonsenheimer Schandmal handelt es sich um Täter*innengedenken. Das kritische Anliegen der Intervention war also so einfach nachvollziehbar wie jene an einer Kirchenglocke im niedersächsischen Schweringen, auf der man 2017 ein etwa tellerminengroßes Hakenkreuz entdeckt hatte. Offensichtlich läutete die Glocke dort seit 1934, ohne größere Irritationen hervorzurufen, nun ja. Nach der Entdeckung des Hakenkreuzes bot die Landeskirche Hannover einen Austausch der Glocke an, die Schweringer Stadtversammlung aber sprach sich mehrheitlich für ihren Verbleib aus, man wolle die Glocke als *Zeichen der Mahnung* hängen lassen. Ein nahtloser Übergang von völliger Ignoranz zur Naziglocke als Mahnung, ohne dabei auch nur den kleinen Finger krummzumachen. Versöhnungstheater deluxe.

Im Mainzer Fall war es vor allem die Reaktion der CDU-Ortsvorsitzenden Sabine Flegel, die die Geschichte zu einem interessanten Beispiel für dieses Buch machte. Auf die beschriebene Sprühaktion am Schandmal reagierte sie mit folgendem wütenden Tweet (der mittlerweile gelöscht ist, aber ich habe einen Screenshot davon):

> Heute zum Holocaust Gedenktag bin ich über alle Maßen entsetzt über das, was in manchen wirren Köpfen durchgeht. Verrückte und Geschichtsvergessene haben das Gonsenheimer Ehrenmal geschändet! Wer etwas Verdächtiges beobachtet hat, kanns gerne bei mir melden. #weremember.

Diese Einschätzung der Lage ist einer Analyse wert. Einmal, weil Flegel das Gedenken am 27. Januar und damit den Tag der Befreiung des Konzentrationslagers Auschwitz hier offenbar in Spannung zu einer Intervention an einem Denkmal für gefallene Wehrmachtssoldat*innen sieht. Das erkennt man auch daran, dass sie den Angriff als »geschichtsvergessen« bezeichnet, ein Begriff, der offenbar unterstreichen soll, dass das, was da passiert ist, im Gegensatz zur Geschichte steht. Das klingt revisionistisch und ist es irgendwie auch, denn der Holocaust-Gedenktag ist ja nicht für das Gedenken an gefallene Wehrmachtssoldat*innen da. Und dann ruft die CDU-Ortsvorsitzende auch noch in guter deutscher Tradition zur Denunziation der Aktivist*innen auf: Wer etwas Verdächtiges beobachtet hat, kann's bei mir melden. Melden!

Einmal mehr verblüfft mich die kognitive Dissonanz zwischen eigenem Verhalten und symbolischer Inszenierung. Der 27. Januar scheint für manche so selbstverständlich zu einem Gedenktag für alle Toten von Juden bis Wehrmacht geworden zu sein, dass man die eigene Empörung ganz ungeniert in öffentlichen Statements formuliert. Versöhnungstheater macht frei – von Zweifel. An dem Beispiel zeigt sich eindrucksvoll die Auswirkung der Erinnerungskultur auf das deutsche Selbstverständnis. Dabei ist die Linie dünn geworden zwischen »Wir sind nicht mehr schuldig« und »Wir waren alle Opfer«. Wenn die Versöhnung in der Erinnerungskultur bereits stattgefunden hat, kann man einfach gemeinsam an die Toten des Zweiten Weltkrieges erinnern; ob sie nun in der Gaskammer starben oder vom Wachturm fielen, ist nicht weiter relevant.

Es kommt natürlich noch eine weitere Möglichkeit in Betracht: dass Frau Flegel tatsächlich denkt, dass die Wehrmacht keinen Dreck am Stecken hatte. Man nennt das auch den Mythos von der sauberen Wehrmacht. Spätestens seit der berühmten Wehrmachtsausstellung des Hamburger Instituts für Sozialforschung, die 1995 eröffnet wurde und eine breite gesellschaftspolitische Debatte auslöste, hat sich das öffentliche Bewusstsein aber eigentlich zu Flegels Ungunsten verändert. Hatte die Wehrmacht bis zur Ausstellung für viele als militärischer, aber moralisch sauberer Arm des nationalsozialistischen Vernichtungskrieges gegolten, bewies die Ausstellung das Gegenteil, dass nämlich die gute deutsche Naziarmee an Massenerschießungen, Vergasungen und anderen Kriegsverbrechen beteiligt gewesen war. Spätestens damit wurde deutlich, wie tief die Wehrmacht und mit ihr die ganzen normalen Deutschen in den Vernichtungskrieg verstrickt gewesen waren.

Wenn jetzt jemand einwenden möchte, dass es sich bei den Tätern doch auch um Söhne und Brüder, Väter und Onkels handelt, für die viele Familien einen Ort zur Trauer brauchen, dann möchte ich antworten: Dafür gibt es den Volkstrauertag im November, und Grabkerzen gibt's ganzjährig zu kaufen. Angesichts des Wissens um die Verbrechen der

Wehrmacht würde ich Aktionen wie jene am Gondesheimer Schandmal am 27. Januar 2021 außerdem nicht als Schändung, sondern als eine handfeste Kritik an der fortgesetzten Verharmlosung nationalsozialistischer Verbrechen bezeichnen. Die Reaktion von Frau Flegel gibt den Aktivist*innen recht, weil sie unterstreicht, wie wichtig solcherlei Aktionen auch in der Gegenwart sind. Diejenigen, die Farbbeutel auf Denkmäler werfen, welche gefallene Wehrmachtssoldat*innen als Opfer des deutschen Volkes verklären, sind Vertreter*innen einer lebendigen Erinnerungskultur, denn sie erinnern die Gesellschaft daran, dass nicht einfach alles wieder gut ist, weil man mit großer Geste vor Denkmälern auf die Knie sinkt, Gedenktage ausruft und sich für die erfolgte Versöhnung bedankt. Applaus für diejenigen, die Anfang April 2018 den Kirchturm von Schwering erklommen und das Hakenkreuz wegflexten.[143] Ein Halleluja auf die Flex!

Selbstverständlich hat sich die deutsche Gesellschaft in den vergangenen Jahrzehnten verändert. Die Biologie hat dabei sicherlich mehr für die Bestrafung der Täter*innen getan als die deutschen Gerichte! Der Wandel hat aber auch mit einem veränderten Selbstbewusstsein aufseiten diskriminierter und von Gewalt bedrohter Communitys und ihrer Verbündeten zu tun. Während die deutsche Dominanzkultur nämlich die Normalisierung Deutschlands ins Auge fasste, hat die andere Seite ein Auge auf rechtliche Gleichstellung geworfen und damit die Bedeutung des Adjektivs »plural« in pluraler Demokratie neu bestimmt. Damit weist sie die Perspektive völkischer Rechter zurück, die am liebsten die Uhr zurückdrehen wollen. Besser spät als nie, werden die einen jetzt sagen, und ich stimme ihnen zu: besser ein paar Überlebende als keine, besser Raubgüter zurückgeben als behalten, besser von den Alliierten niedergekämpft als weiterhin Nationalsozialismus. Es ist jedoch der zweite, seltener ausgesprochene Teil dieser Formel vom »Besser spät als nie«, den ich nicht teile – dass nämlich eine späte Einsicht auch eine späte Versöhnung ermöglichen könnte oder sogar sollte.

Beispiel gefällig? – Martin Walser, bekannt aus Funk und Fernsehen, hielt 1998 eine berühmt-berüchtigte Rede in der Paulskirche, über die ich bereits an anderer Stelle geschrieben habe.[144] Anschließend stritt er sich öffentlich mit dem Vorsitzenden des Zentralrats der Juden Ignatz Bubis herum und zeigte sich auch dann noch uneinsichtig, als Bubis ihm bei einem Zusammentreffen die Hand hinhielt. Dieser Martin Walser veröffentlichte nun gut anderthalb Jahrzehnte später, 2014, erst einen Essay mit dem zu allem Überfluss auch noch zweisprachigen Titel *Shmekendike blumen: Ein Denkmal/A dermonung für Sholem Yankev Abramovitsheinen.* Ein paar Monate darauf erschien außerdem ein Sammelband mit dem frechen, 1956 von ihm geprägten Titel *Unser Auschwitz*, der wiederum die besagte Paulskirchenrede enthielt.[145] Nun bekannte Walser, dass Juden doch nicht nur Frauen hinterhergeifern könnten, wie das noch in seinem 2002 erschienenen Roman *Tod eines Kritikers* gewirkt hatte.[146] Nein, Juden könnten auch Literatur! In einem Interview, das er dem *Spiegel* im Mai 2015 gab, gestand er schließlich, worauf das Feuilleton seit 1998 gewartet hatte: »Als ich Abramovitsh gelesen hatte, wusste ich: Ich könnte die Paulskirchenrede so nicht mehr halten«, nur um kurz danach zu unterstreichen, dass er »keinen Satz von damals« korrigieren wolle.[147]

Für eine derart späte Nonpology gibt es keinen Applaus, sondern, wenn überhaupt, einen Slowclap. Denn aus den Katastrophen des 20. Jahrhunderts scheint der Mann so viel mitgenommen zu haben wie andere von einem Technorave: ein paar Feuerzeuge in der Tasche, einige abgenutzte Synapsen, ein starkes Katergefühl und die Erinnerung an einen diskursiven Kontrollverlust, den man sich im Nachhinein auch nicht so recht erklären kann. Walser sagt das so:

> In dieser Rede lasse ich mich auf den Diskurs ein, der damals herrschte. Ich habe versucht, meine Frequenz in diesem Diskurs zu finden, zu entdecken. Das wäre mir heute unmöglich![148]

Oder nehmen wir Bastian Schweinsteiger, diesen mittlerweile pensionierten Fußballspieler, von 2004 bis 2016 Teil der deutschen Nationalmannschaft. Nach dem schmählichen Ausscheiden der Deutschen bei der WM 2018 gab es eine Debatte, ob die Nationalspieler Mesut Özil und Ilkay Gündoğan schuld an der Niederlage in drei Vorrundenspielen gewesen seien, und zwar weil sie vorher Fotos mit dem türkischen Präsidenten gemacht hatten. Manche sahen in diesem Sündenbock-Diskurs, der zu allem Überdruss vom Deutschen Fußballbund befeuert wurde, einen Fall von Rassismus. Auch Schweinsteiger äußerte sich zu den Vorwürfen und unterstrich, er habe in der Nationalmannschaft niemals Rassismus erlebt. Ja klar. Schweinsteiger ist ein Dude aus Kolbermoor, der in seiner ganzen Karriere sicherlich noch nie mit Affengeräusch auf dem Platz begrüßt worden ist. Und wenn er einmal ein schlechtes Spiel spielte, dann hatte er eben schlecht gespielt und damit nicht gleich Deutschland verraten. Eine ähnliche Situation beschreibt die holländische Anthropologin Gloria Wekker übrigens in dem Buch *White In-*

nocence, Weiße Unschuld.[149] Wekker schildert darin, wie sie gerade einen Vortrag über Rassismus gehalten hatte, als sich ein *weißer* holländischer Student mit der Bemerkung zu Wort meldete, es könne keinen Rassismus in Holland geben, weil er noch nie welchen erlebt habe. Wekker kommentiert das mit folgenden prophetischen Worten (hier in meiner Übersetzung):

> Diese militante, aggressive, als Wissen getarnte Ignoranz wird nicht lautlos verschwinden. Kein Einfühlungsvermögen ist spürbar, keine fragende Haltung, nicht der geringste Hauch eines Bewusstseins dafür, dass hier etwas zu lernen wäre; nur die aggressive Zurückweisung und Leugnung, die so charakteristisch ist für *weiße* Männer, selbst wenn sie sich als progressiv verstehen.[150]

Diese Prognose lässt sich auf den deutschen Kontext übertragen, erweitert um den Aspekt, dass die »White Innocence« in Deutschland auch eine postnationalsozialistische Unschuld ist. Diese Unschuld äußert sich darin, dass man die eigene Gegenwart in keiner Geschichte mehr verortet, die die Jahre 1933 bis 1945 beinhaltet, sodass man immer wieder aufschreckt, wenn ihre Gewaltexzesse nicht mehr zu ignorieren sind. Die Gesellschaft als Schwarz-Rot-Gold-Fisch, Sie erinnern sich vielleicht an die Passage. Für solcherlei Störungen des eigenen Selbstbildes gibt es die Rhetorik der Überraschung und – wenn gar nichts mehr hilft – der späten Einsicht. Sie grenzt auf der einen Seite an eine militante Ahnungslosigkeit, auf der anderen an einen deutschen Konservatismus, dem die Realität immer erst den Arm auf den

Rücken drehen muss, bevor er auf den Boden klopft und schreit: Ach so, das konnten wir doch nicht wissen, ein Weiterso darf es jetzt nicht geben! Sie ist besser als nichts, diese späte Einsicht in die eigenen Fehler. Sie macht das Vorherige nicht ungeschehen. Und sie ist nur glaubwürdig, wenn sie auch Folgen hat, sonst ist sie ein weiterer symbolischer Akt auf der Bühne des Versöhnungstheaters.

SCHLUSS: AUF DEM WEG ZU EINER PLURALEN ERINNERUNGSKULTUR

Als ich 2018 mein erstes Sachbuch veröffentlichte, war die Diskussion um die Zugehörigkeit von Migrant*innen und ihren Kindern zur deutschen Gesellschaft in vollem Gange. Mich interessierte damals, auf welche Weise die Forderung nach Integration mit der deutschen Erinnerungskultur zusammenhing. Inwiefern war die wiedergutgewordene deutsche Gesellschaft eine Voraussetzung dafür, dass man – vor allem muslimische – Migrant*innen als zentrale Gefahr der pluralen Demokratie markieren konnte und nicht etwa die eigenen völkischen Denktraditionen? Knapp ein halbes Jahrzehnt später bin ich beeindruckt von der Geschwindigkeit, mit der sich diese Frage nach Zugehörigkeit in den Raum der Erinnerungskultur verschoben hat, etwa im Zusammenhang mit den Diskussionen um das Humboldt Forum und der Kritik an kolonialer Gewalt; oder bei intensiv geführten Debatten um die Umbenennung von Universitäten oder Straßen, die Einrichtung oder Entfernung von Denkmälern oder der Aufarbeitung der Gewaltgeschichte staatlicher Institutionen. In einer Gesellschaft, deren Selbstbild so sehr auf einer Erinnerungskultur basiert wie in Deutschland, bestimmt Erinnerung auch Zugehörigkeit.

Die Verschiebung der Integrationsdebatten in das Feld der Erinnerungskultur äußert sich auch in dem Vorwurf, die vermeintlich Anderen hätten die deutschen Lektionen aus der Geschichte nicht ausreichend verinnerlicht. Das klingt nicht ganz zufällig nach einer Variation des Vorwurfs der Integrationsverweigerung, der aufkommt, sobald Menschen nicht genau das machen, was eine Dominanzkultur oder ihre selbsterklärten Vertreter*innen von ihnen erwarten. Und auch aktuellste Fragen wie jene nach militärischer Hilfe für die Ukraine werden in den Kontext der deutschen Erinnerungskultur gestellt. Das Versöhnungstheater ist dabei selbst zu einer Art Scheinargument geworden, mit dem die Debatten, die eigentlich zu führen wären, vermieden werden: »Weil wir gut erinnert haben …« ist der Anfang einer Argumentation, bei dem das Argument suspendiert worden ist, denn hier belegt der Verweis auf die Erinnerung bereits, was man sagen möchte: Weil wir gut erinnert haben, dürfen wir die Bundeswehr zur größten Armee Europas aufrüsten, Deutschland abfeiern, uns eine gute deutsche Geschichte erfinden oder Preußenschlösser rekonstruieren und ihnen funkelnde Kreuze auf das Dach setzen.

In diesem Buch habe ich immer wieder gezeigt, wie willkürlich und ideologisch gefärbt solcherlei Argumentationen im Namen der Geschichte sind. Dabei sollte klar geworden sein, dass das Versöhnungstheater diese doppelten Maßstäbe selbst produziert: Weil wir gut erinnert haben … ist nicht nur der Anfang eines Scheinargumentes, sondern auch ein Glaubenssatz, den man nicht mehr weiter infrage stellt. Und so scheint aus Perspektive des deutschen Versöhnungstheaters der Antisemitismus der anderen tatsächlich gefährlicher als der eigene, denn der eigene ist bloß als eine Ausnahme, ein Glitch in der nationalen Animation, ein Relikt aus einer anderen Zeit denkbar. So kommt es, dass selbst die AfD in den Chor der Antisemitismus-Kritiker*innen einstimmt, ohne zu große Angst haben zu müssen, dass es sie selbst erwischt. Eine Partei, nur zur Erinnerung, die an einige der gefährlichsten und gewaltvollsten Traditionen deutschen politischen

Denkens anknüpft und es bis heute nicht schafft, sich glaubhaft von Anschlägen rechter Terrorist*innen abzugrenzen. Und so wirkt das Versöhnungstheater am Ende auch wie ein Theater der Versöhnung der deutschen Gesellschaft mit sich selbst, in dem die unterschiedlichen politischen Lager zusammenkommen und sich einander versichern, dass sie die Geschichte erfolgreich bearbeitet haben. Alle anderen müssen leider draußen bleiben.

Das ist besonders verdreht, weil das Versöhnungstheater auch jüdische Perspektiven aus der deutschen Erinnerungskultur ausschließt. Denn Versöhnung, das unterstreicht auch Achim Doerfer, setzt aus jüdisch-religiöser Perspektive eine menschliche Gegenleistung voraus, eine reale Wiedergutmachung.[151] Nun konnte man bis vor einigen Jahrzehnten mehr oder weniger begründet hoffen, dass diese Wiedergutmachung auf juristischer Ebene noch irgendwie stattfinden würde. Das hat sich in den letzten Jahren grundlegend geändert. Denn mit den Shoah-Überlebenden sterben auch diejenigen, die für die Vernichtungsarbeit verantwortlich waren. Und damit wächst die Gewissheit, dass die Gerechtigkeit, auf die viele Überlebende und Angehörige hofften, für immer ausbleiben wird. Mit dieser Hoffnung befasst sich auch die Historikerin Laura Jockusch in ihrem Essay »Zu viel oder zu wenig? Jüdische Rache nach dem Holocaust«.[152] Jockusch schildert, dass viele Überlebende und Angehörige die Rechtsprechung nach der Shoah als eine Art weltliche Rache, als Wiederherstellung von Gerechtigkeit sahen. Sie vermerkt:

> Für Überlebende standen Rache und ausgleichende Gerechtigkeit – gemeinhin als Gegensätze wahrgenommen – nicht in antithetischem, sondern intrinsischem Zusammenhang: Zu sehen, wie Nationalsozialisten vor nationale und internationale Gerichte und Militärtribunale gebracht und schließlich für schuldig befunden, verurteilt und gehängt wurden, war durchaus eine Form der symbolischen Rache.[153]

Ich habe beschrieben, wie nach einem mehr oder weniger vielversprechenden Auftakt durch die Alliierten deutsche Gerichte die Strafverfolgung weitgehend einstellten. Wenige Jahre nach Kriegsende verabschiedeten beide deutsche Nachkriegsstaaten Amnestiegesetze oder erklärten die Entnazifizierung auf je eigene Weise für beendet. Daran änderte auch das antifaschistische Selbstverständnis der DDR oder das Aufkommen der westdeutschen Erinnerungskultur ab den 1960er Jahren nichts. Kein Jahrzehnt nach Kriegsende entschieden die beiden deutschen Gesellschaften also, die juristische Ahndung der Naziverbrechen auszusetzen. Stattdessen verlegten sie sich auf die symbolische Ebene und damit die Inszenierung gesellschaftlicher Läuterung, wofür man auch auf die überlebenden ebenso wie auf die nach Kriegsende zugewanderten Juden und Jüdinnen zurückgriff. Dieses Gedächtnistheater war von einem rapide um sich greifenden familiären Vergessen begleitet, das für die vergangenen Jahrzehnte gut dokumentiert worden ist – von der Studie *Opa war kein Nazi*[154] über *Gefühlte Opfer*[155] bis zu Umfragen wie der MEMO-Studie von 2020, bei der ein Drittel der Befragten angab, ihre Vorfahren hätten Opfern geholfen.[156] Mit der Realität hat das nichts zu tun, wohl aber mit einem

Selbstbild, an dessen Entwicklung die deutsche Erinnerungskultur maßgeblich beteiligt gewesen ist.

Angesichts der deutschen Wiedergutwerdung ohne Wiedergutmachung ist es sicherlich kein Zufall, dass Juden und Jüdinnen die versöhnliche Rolle, die ihnen im Theater deutscher Selbstentlastung zugedacht wird, in den vergangenen Jahren immer vehementer infrage stellen. Ausdruck dieser Kritik sind künstlerische Interventionen wie der Desintegrationskongress, der 2016 im Studio Я des Maxim Gorki Theaters Berlin stattfand, filmische Arbeiten wie Arkadij Khaets Film *Masel Tov Cocktail* von 2020, die Ausstellung *Rache – Geschichte und Fantasie* 2022 im Jüdischen Museum Frankfurt am Main, aber auch Gruppen wie *The Feminist Jewligans* oder Instagram-Initiativen wie *Radikal Jüdisch*. Diese neue jüdische Unversöhnlichkeit ist auch eine Antwort auf das deutsche Versöhnungstheater: Wenn die Figur der versöhnlichen Juden dabei hilft, die deutsche Nachkriegsgesellschaft zu legitimieren, indem sie ihr Bedürfnis nach Entlastung und Vergessen bedient, dann markiert die Verweigerung der jüdischen Opferrolle einen Einspruch gegen diese Inszenierung nationaler Selbstentlastung.

Zugleich kann auch die neue jüdische Lebendigkeit, die ich beschrieben habe, nicht darüber hinwegtäuschen, dass die Situation von Juden und Jüdinnen in Deutschland nicht der Situation in Israel oder den USA, insbesondere New York City entspricht. Lebendige Juden und Jüdinnen mit unterschiedlichen Meinungen und Biographien werden in Deutschland weiterhin als Störung erlebt und entsprechend behandelt. Abends beginnt kein neuer Tag, sonntags keine neue Woche, und samstags haben die Geschäfte offen. In bayrischen Behörden oder auf dem Berliner Stadtschloss prangen keine Davidsterne, sondern Kreuze. Maßnahmen gegen die Pandemie werden nicht mit Chanukka begründet, sondern mit Weihnachten. Juden schauen hierzulande auch nicht auf einhundertfünfzig relativ friedliche Jahre Aufstiegsgeschichte zurück, wie das in den USA der Fall ist. Statt Harvard und Yale, Baseball und Bagel endete das Projekt Zugehörigkeit für die deutschen und europäischen Juden in Ausgrenzung, Enteignung und Vernichtung. Jüdisches Leben in Deutschland ist heute und bis auf unbestimmte Zeit nicht bloß die Geschichte derjenigen, die da sind, sondern auch derjenigen, die da sein sollten.

Diese Trauer gilt übrigens auch für andere Minderheiten in der postgenozidalen Gesellschaft. Solange also die Züge nicht rückwärts in die Bahnhöfe einfahren und der Ansager sagt: »Hier habt ihr eure Verwandten«; solange die Schiffe nicht rückwärts über den Atlantik treiben und ihre menschliche Fracht ausladen; solange die Zeitungen nicht schreiben: »Hier habt ihr euer Eigentum, eure Freund*innen, euer Weltvertrauen zurück«, so lange bleibt *Versöhnung* unverfügbar. Und jedes Reden von ihr ein Affront.

Wessen Geschichte auf welche Weise erinnert wird, bestimmt hierzulande auch, wer zu dieser Gesellschaft dazugehört. Daher wird eine entscheidende Frage in den kommenden Jahrzehnten lauten, wie Erinnerungskultur als Teil einer pluralen Gesellschaft so gedacht werden kann, dass sie auch jene Teile miteinschließt, die nicht Teil des Versöhnungstheaters sein wollen oder können. Seit 2021 existiert ein Netzwerk mit dem Namen *Coalition for a Pluralistic Public Discourse*, in dem über fünfzig junge Intellektuelle, Aktivist*innen, Wissenschaftler*innen und Künstler*innen aus unterschiedlichen gesellschaftlichen Feldern dieser Frage nachgehen.[157] Dabei wird schon jetzt immer klarer, dass plurale Erinnerungskultur nicht nur bedeutet, mehr Geschichten aufzunehmen, sondern auch, ein anderes Verhältnis zur Geschichte einzunehmen. Denn das Versöhnungstheater führt nicht nur zur Isolation all jener, deren Familien von dieser Gewalt geprägt oder traumatisiert worden sind, sondern es schließt auch ihre Gefühle, Erfahrungen und Haltungen aus dem Raum der öffentlichen Erinnerung aus.

Auf dem Weg zur pluralen Erinnerungskultur wird es daher nötig sein, Abstand zu nehmen von einem Ansatz, der die Versöhnung als Ergebnis der Erinnerungsarbeit voraussetzt. Die Gesellschaft wird stattdessen anfangen müssen, auch denjenigen zuzuhören, die genau wissen, wie viel von den Beschwörungen der Wiedergutwerdung eigentlich der Wahrheit entspricht. Diese Perspektiven werden vielen Menschen unangenehm sein, weil es so viel von den Glaubenssätzen infrage stellt, an die sich diese Gesellschaft die vergangenen Jahrzehnte gewöhnt hat. Aber so ist das mit einer Pluralität, die ihren Namen auch verdient. Am Ende wird es darum gehen, die Geschichte nicht mehr als einen Ort der positiven Identifikation zu verstehen, sondern als Mahnung, wie schlimm die Dinge werden können. Und als Energiequelle, die Gegenwart so einzurichten, dass sich die Vergangenheit nicht wiederholt. Wenn wir wissen, was möglich gewesen ist, dann wissen wir auch, was auf dem Spiel steht.

Beim jüdischen Pessachfest geht es jedes Jahr um die Geschichte von der Befreiung der Israeliten aus der Sklaverei und von ihrem Auszug aus Ägypten. Man feiert, dass man frei ist, lehnt sich an der Stuhllehne an, weil man frei ist, trinkt Wein, weil man frei ist. Nach dem gemeinsamen Essen füllt man den Becher, der für den Propheten Elijahu vorgesehen ist, dessen Ankunft der Tradition nach den Messias ankündigen wird. Man öffnet die Tür und betet: »Gieß deinen Zorn über die Völker, die dich nicht kennen, und über die Reiche, die deinen Namen nicht anrufen. Denn sie haben Jakob verschlungen und seine Wohnstätte verwüstet.«[158] In diesem Moment verbinden sich die Lebenden mit ihren Vorfahren in ihrer Traurigkeit, ihrer Angst und ihrem Zorn darüber, dass die Dinge so geschehen sind, wie sie geschahen. Und sicherlich ist auch ein Teil Freude dabei, dass man es bis hierhin geschafft hat.

Diese Erinnerung ist ein Beweis, dass man lebendig ist und vielleicht seinen und ihren Teil zur Erlösung beiträgt, ein Aspekt, den auch Richard von Weizsäcker in seiner Rede am 8. Mai 1985 unterstrich.[159] Was der Bundespräsident dabei nicht sehen wollte und vermutlich auch nicht sehen konnte: Von Versöhnung ist dabei nicht die Rede, sondern von der Bitte um göttliche Gerechtigkeit. Und so ist beides möglich: das Bewusstsein, dass diese Gerechtigkeit auf weltlicher Ebene nicht wiederhergestellt wurde. Und der Versuch, ein gemeinsames Zusammenleben in einer Gesellschaft zu gestalten, die weniger gewaltvoll ist, als sie es in der Vergangenheit war. Um den Rest kümmert sich der Messias.

ANMERKUNGEN

Nelly Sachs, »Chor der Tröster«, aus: Nelly Sachs, *Werke. Kommentierte Ausgabe in vier Bänden.* Herausgegeben von Aris Fioretos, Band 1: *Gedichte 1940–1950*. Herausgegeben von Matthias Weichelt. © Suhrkamp Verlag Berlin 2010. S. auch S. 163, Anm. 45.

EINLEITUNG: NACH KNAPP ACHTZIG JAHREN DER ZURÜCKHALTUNG

1 Regierungserklärung von Bundeskanzler Olaf Scholz am 27.2.2022, https://www.bundesregierung.de/breg-de/suche/regierungserklaerung-von-bundeskanzler-olaf-scholz-am-27-februar-2022-2008356

2 Der Begriff »postnationalsozialistisch« stammt von: Astrid Messerschmidt, »Postkoloniale Erinnerungsprozesse in einer postnationalsozialistischen Gesellschaft – vom Umgang mit Rassismus und Antisemitismus«, in: *Peripherie – Zeitschrift für Politik und Ökonomie in der Dritten Welt* 28, 109/110 (2008), S. 42–60.

3 Lars Klingbeil, »Zeitenwende – der Beginn einer neuen Ära«, FES Tiergartenkonferenz, 21.6.2022, https://www.spd.de/fileadmin/Dokumente/Reden/20220621_Rede_LK_FES.pdf

4 Richard von Weizsäcker, *Gedenkveranstaltung im Plenarsaal des Deutschen Bundestages zum 40. Jahrestag des Endes des Zweiten Weltkrieges in Europa*, 8.5.1985, https://www.bundespraesident.de/SharedDocs/Reden/DE/Richard-von-Weizsaecker/Reden/1985/05/19850508_Rede.html

5 Der Begriff der »Wiedergutwerdung« stammt von: Eike Geisel, *Die Wiedergutwerdung der Deutschen. Essays und Polemiken*, Berlin 2015.

6 Gesetz zur Errichtung einer »Stiftung Orte der deutschen Demokratiegeschichte« und zur Änderung des Gesetzes zur Errichtung einer Stiftung Haus der Geschichte der Bundesrepublik Deutschland«, 16. Juli 2021, https://www.bundesregierung.de/resource/blob/974430/1953556/0e31f890a0

1576f7fc4f479f75c2def6/2021-08-24-errichtungsgesetz-stiftung-orte-der-deutschen-demokratiegeschichte-data.pdf?download=1

7 Max Czollek, *Desintegriert Euch!*, München 2018.

8 Max Czollek, *Gegenwartsbewältigung*, München 2020.

VERSÖHNUNGSTHEATER. DIE DRITTE PHASE DER ERINNERUNGSKULTUR

9 Frank-Walter Steinmeier, 5. World Holocaust Forum »Remembering the Holocaust: Fighting Antisemitism« in Yad Vashem, 23.1.2020, https://www.bundespraesident.de/SharedDocs/Reden/DE/Frank-Walter-Steinmeier/Reden/2020/01/200123-Israel-Yad-Vashem.html

10 Festjahr »1700 Jahre jüdisches Leben in Deutschland« eröffnet, FR 21.2.21, https://www.rundschau-online.de/region/koeln/in-koelner-synagoge-festjahr--1700-jahre-juedisches-leben-in-deutschland--eroeffnet-38091682?cb=1666773076028&

11 Judith Coffey, Vivien Laumann, *Gojnormativität. Warum wir anders über Antisemitismus sprechen müssen*, Berlin 2021.

12 Rede Konrad Adenauers vor dem Deutschen Bundestag am 27.9.1951: Wiedergutmachung, http://www.segne-israel.de/dokumente/1951adenauer.htm

13 Günter Gaus im Gespräch mit Konrad Adenauer, 4.1.1966, https://www.rbb-online.de/zurperson/interview_archiv/adenauer_konrad.html

14 Weizsäcker 1985.

15 Y. Michal Bodemann, *Gedächtnistheater. Die jüdische Gemeinschaft und ihre deutsche Erfindung*, Hamburg 1996.

16 Czollek 2018, S. 77–91.

17 Bodemann 1996.

18 Ebd., S. 50.

19 Heilbronner Stimme, Interview mit Monika Grütters, »Demokratische Sternstunden ins Bewusstsein rücken«, 18.5.2021, https://www.bundesregierung.de/breg-de/bundesregierung/bundeskanzleramt/staatsministerin-fuer-

kultur-und-medien/aktuelles/-demokratische-sternstunden-ins-bewusstsein-ruecken--1915628

NATIONALISMUS RELOADED. WIE ES WAR, DARF ES NICHT WERDEN

20 Czollek 2018, S. 172.

21 https://www.rbb-online.de/zurperson/interview_archiv/arendt_hannah.html

22 https://2021jlid.de/ueber-uns/

23 Impuls von Dr. Josef Schuster, Präsident des Zentralrats der Juden in Deutschland zum Auftakt des Festjahres »1.700 Jahre jüdisches Leben in Deutschland« der Konrad-Adenauer-Stiftung, 6.1.2021, https://www.zentralratderjuden.de/aktuelle-meldung/artikel/news/1700-jahre-juedisches-leben/

24 Aleida Assmann, *Das neue Unbehagen an der Erinnerungskultur. Eine Intervention,* München 2020, S. 213.

25 Ebd., S. 204–216.

26 Ebd., S. 213.

27 Ebd.

28 Hedwig Richter und Bernd Ulrich, »Die Angst vor dem Volk«, *Die Zeit,* 14.8.2021, https://www.zeit.de/2021/15/demokratie-deutschland-geschichte-nationalsozialismus-hedwig-richter

WIEDERGUTWERDUNG OHNE WIEDERGUTMACHUNG. KNIEFÄLLE, REDEN UND ANDERE SYMBOLISCHE HANDLUNGEN

29 Achim Doerfer, *»Irgendjemand musste die Täter ja bestrafen«. Die Rache der Juden, das Versagen der deutschen Justiz nach 1945 und das Märchen deutsch-jüdischer Versöhnung,* Köln 2021.

30 Ralph Giordano, *Die zweite Schuld: Oder Von der Last Deutscher zu sein,* Hamburg 1987.

31 Doerfer 2021, S. 110 f.

32 Ebd., S. 110–111.

33 Ebd., S. 111.

34 Claudia Gründer, Von wegen Entnazifizierung: Nazi-Karrieren in der DDR, *MDR* 17.1.22, https://www.mdr.de/geschichte/ddr/politik-gesellschaft/entnazifizierung-nazis-in-der-ddr-100.html

35 C.F. Rüter, Hilfsmittel zu den ostdeutschen Verfahren. Gesamtstatistik 1945–1990, S. 97–98 in: ders. (Hrsg.), *DDR-Justiz und NS-Verbrechen. Sammlung ostdeutscher Strafurteile wegen nationalsozialistischer Tötungsverbrechen 1945–1990,* Amsterdam 2000–2009, https://junsv.nl/ostdeutsche-gerichtsentscheidungen

36 Gründer 2022

37 Doerfer 2021, S. 152.

38 Erste Regierungserklärung von Bundeskanzler Adenauer 20. September 1949, https://www.kas.de/de/einzeltitel/-/content/erste-regierungserklaerung-von-bundeskanzler-adenauer

39 Bundesgesetzblatt, 31.12.1949, https://www.bgbl.de/xaver/bgbl/start.xav?start=//*%5B@attr_id=%27bgbl149009.pdf%27%5D#__bgbl__%2F%2F*%5B%40attr_id%3D%27bgbl149009.pdf%27%5D__1642516752093

40 Ronen Steinke, »Sie waren Mörder«, *SZ*, 16.11.2021, https://www.sueddeutsche.de/meinung/justiz-holocaust-irmgard-f-ns-verbrechen-konzentrationslager-1.5465708

41 »Was ein Ulmer mit der Wannseekonferenz zu tun hat«, *SWR,* 24.1.2022, https://www.swr.de/swraktuell/baden-wuerttemberg/ulm/was-ein-ulmer-mit-der-wannseekonferenz-zu-tun-hat-100.html

ISOLATIONSSTATIONEN DER GESCHICHTE. DIE NEUE ERINNERUNGSARCHITEKTUR

42 https://twitter.com/GeorgDiez1/status/1546900762218954754

43 Deutscher Bundestag, Stenographischer Bericht 248. Sitzung Berlin, 4.7.2002, S. 25140, https://dserver.bundestag.de/btp/14/14248.pdf

44 Czollek 2020.

45 Nelly Sachs, »Chor der Tröster«, aus: Nelly Sachs, *Werke. Kommentierte Ausgabe in vier Bänden.* Herausgegeben von Aris Fioretos, Band 1: *Gedichte 1940–1950.* Herausgegeben von Matthias Weichelt. © Suhrkamp Verlag Berlin 2010.

46 Grütters zur »Denkmalkultur in Deutschland«, 5.9.2016, https://www.bundesregierung.de/breg-de/suche/gruetters-zur-denkmalkultur-in-deutschland--387888

47 Frank-Walter Steinmeier, »Deutsch und frei«, *Die Zeit,* 13.3.2019, https://www.zeit.de/2019/12/demokratie-nationalismus-tradition-gedenktage-geschichtsunterricht/komplettansicht

48 Gaulands Rede im Wortlaut, *FAZ,* 5.6.2016, https://www.faz.net/aktuell/politik/inland/zum-nachlesen-gaulands-rede-im-wortlaut-14269861.html

STAUFFENBERG ODER DIE VERLORENE UNSCHULD DER NEUEN BERLINER MITTE

49 Philipp Oswalt, »Preußentum und Antisemitismus: Ehrt das Humboldt Forum einen Mäzen mit rechtsradikaler Gesinnung?«, *Tagesspiegel,* 27.10.2021, https://plus.tagesspiegel.de/kultur/preussentum-und-antisemitismus-ehrt-das-humboldt-forum-einen-mazen-mit-rechtsradikaler-gesinnung-285568.html

50 Nikolaus Bernau, »Rechtsradikaler Spender? ›Wir haben auf bürgerliche Reputation geachtet‹«, *Berliner Zeitung,* 31.10.2021, https://prod.berliner-zeitung.de/mensch-metropole/zweifelhafte-spender-wir-haben-auf-buergerliche-reputation-geachtet-li.191685?pid=true
Alle folgenden Informationen sind der Stellungnahme von Philipp Oswalt vom 4.11.2021 entnommen: »Warum die nun bevorstehende Entfernung der Ehrung des Rechtsradikalen Erhardt Bödecker die Probleme beim Humboldt Forum nicht löst.« Weitere gibt es hier: http://schlossdebatte.de

51 Otto Langels, »So antisemitisch war der militärische Widerstand«, *Deutschlandfunk Kultur,* 22.7.2016, https://www.deutschlandfunkkultur.de/hitler-attentat-am-20-juli-1944-so-antisemitisch-war-der-100.html.

52 »Die Sozialisten verlassen die NSDAP«, 4.7.1930, https://www.ns-archiv.de/nsdap/sozialisten/sozialisten-verlassen-nsdap.php
53 *Auf den Marmorklippen*. Stuttgart 1994.
54 Michael Kubitza und Verena Schälter, »Allein vor Gott und der Geschichte«, BR, 19.7.2014, https://www.br.de/nachricht/attentat-20-juli-hitler-stauffenberg-100.html
55 Steinmeier 2019.
56 »Salzmann vs. Strauß. Kann Literatur die Welt verändern?«, *Deutschlandfunk*, 9.9.2017, https://www.deutschlandfunk.de/salzmann-vs-strauss-kann-literatur-die-welt-veraendern-100.html
57 Jörg Häntzschel, »Wer hat's bezahlt?«, SZ, 9.12.2021, https://www.sueddeutsche.de/kultur/humboldt-forum-berliner-stadtschloss-afd-neue-rechte-rechte-spender-wer-hat-das-humboldt-forum-bezahlt-1.5483342
58 Prof. Philipp Oswalt, »Neue Recherchen zeigen: Weitere rechtslastige Spender für das Berliner Schlossprojekt. Stellungnahme 10.12.2021«, https://www.uni-kassel.de/fb06/institute/architektur/startseite/meldung/2021/12/10/neue-recherchen-zeigen-weitere-rechtslastige-spender-fuer-das-berliner-schlossprojekt?cHash=be4d907da360efd93fe3bffe93f68d63
59 *Berliner Extrablatt*, Nr. 97, 2022, S. 5, https://berliner-schloss.de/aktuelle-infos/berliner-extrablatt
60 Philipp Oswalt, »Förderverein Berliner Schloss verharmlost den Rechtsextremismus«, https://berlin-plattform.de/philipp-oswalt-foerderverein-berliner-schloss-verharmlost-den-rechtsextremismus/
61 Berliner Förderverein zur Antisemitismus- und Holocaustleugnung, 10.07.2022, http://schlossdebatte.de/?p=798
62 Ebd., S. 26.
63 Förderverein Berliner Schloss: Schloss-Information Februar 2022, E-Mail-Newsletter vom 4.2.2022.
64 *Berliner Extrablatt,* Nr. 97, 2022, S. 1, https://berliner-schloss.de/aktuelle-infos/berliner-extrablatt
65 Stephan Trüby, *Rechte Räume. Politische Essays und Gespräche*, Basel 2020.

66 Leah Carola Czollek und Gudrun Perko, Linksextrem und linksideologisch durch die »Mitte«, *Stimme. Zeitschrift der Initiative Minderheiten,* Nr. 119/2021, S. 12–15.

67 http://act-out.org/

68 Wolfgang Thierse, »Wie viel Identität verträgt die Gesellschaft?«, FAZ, 22.2.2021.

69 Ebd.

70 Ebd.

71 Ebd.

72 »Ziemlich demokratiefremd«, Wolfgang Thierse im Gespräch mit Dirk-Oliver Heckmann, *Deutschlandfunk*, 25.2.2021, https://www.deutschlandfunk.de/wolfgang-thierse-spd-ueber-identitaetspolitik-ziemlich.694.de.html?dram:article_id=493111

73 Caroline Fourest, »Rassistisch« – Na und?, *Emma*, 8.1.2021, https://www.emma.de/artikel/generation-beleidigt-338341

74 Ebd.

75 Mark Lilla, The Once and Future Liberal: After Identity Politics, London 2018

76 Horst Bredekamp, »Warum der identitäre Wahn unsere größte Bedrohung ist«, FAZ, 8.3.2021, https://www.faz.net/aktuell/feuilleton/debatten/postkolonialismus-schaedigt-antikoloniale-vernunft-17232018.html?GEPC=s9&premium=0×8d5a12453df5ac8bcdadbb039ac423a8

77 »Alternativen zu uns«. Interview mit Horst Bredekamp, *Der Freitag,* 08/2019, https://www.freitag.de/autoren/der-freitag/alternativen-zu-uns

78 Ebd.

79 Ebd.

80 Ebd.

81 Czollek 2020, S. 154–158.

82 »Ziemlich demokratiefremd«, Wolfgang Thierse im Gespräch mit Dirk-Oliver Heckmann, *Deutschlandfunk*, 25.2.2021, https://www.deutschlandfunk.de/wolfgang-thierse-spd-

ueber-identitaetspolitik-ziemlich.694.de.html?dram:article_id=493111.

83 Omri Boehm, *Radikaler Universalismus. Jenseits von Identität*, Berlin 2022.

HUNDERT JAHRE SOPHIE SCHOLL. AUF DER SUCHE NACH DER DEUTSCHEN ANNE FRANK

84 Maren Gottschalk, *Sophie Scholl. Wie schwer ein Menschenleben wiegt*, München 2021, S. 78.

85 https://www.instagram.com/eva.stories/

86 https://www.instagram.com/ichbinsophiescholl/

87 Max Czollek, »Bürgerliche Mitte bedeutet auch heute meistens eine Legitimierung rechter Diskurse, die als Meinung einer vermeintlich schweigenden Mehrheit beworben wird«, *WOZ Die Wochenzeitung*, 20.5.2021, https://www.woz.ch/-b8c8

88 Rede Konrad Adenauers vor dem Deutschen Bundestag am 27.9.1951: Wiedergutmachung, http://www.segne-israel.de/dokumente/1951adenauer.htm

89 Adenauer 1949, S. 27.

90 Dominik Rigoll, *Staatsschutz in Westdeutschland: Von der Entnazifizierung zur Extremistenabwehr*, Göttingen 2013, S. 13–14

91 Hanna Krall, *Dem Herrgott zuvorkommen*, Frankfurt am Main 1976.

92 Dara Horn, *People Love Dead Jews. Reports from a Haunted Present*, New York 2021.

REGULIERTE SICHTBARKEIT. WARUM DIE RHETORIK DER VIELFALT NICHT AUSREICHT

93 Geisel 2015.

94 Emilia Roig, *Why We Matter*, Berlin 2021. Judith Coffey und Vivien Laumann, *Gojnormativität. Warum wir anders über Antisemitismus sprechen müssen*. Berlin 2021.

95 Darja Klingenberg, Große Zahlen, Erfolgsgeschichten und was man sonst hätte erzählen können. Bilanz aus dem Fest- und Gedenkjahr »1700 Jahre Jüdisches Leben in Deutschland«, in: *Nachhalle. Jalta. Positionen zur Jüdischen Gegenwart,* erscheint 2023

96 Ebd.

97 Zentrale Wohlfahrtsstelle der Juden in Deutschland e.V., Mitgliederstatistik 2021 der jüdischen Gemeinden und Landesverbände in Deutschland (Kurzversion), https://zwst.org/sites/default/files/2022-05/ZWST-Mitgliederstatistik-2021-Kurzversion.pdf

DIE VERDOPPLUNG DER JUDEN. ZWISCHEN ZUSCHREIBUNG UND JÜDISCHEN REALITÄTEN

98 Jean Paul Sartre, Überlegungen *zur Judenfrage*, Hamburg 1994.

99 Michael Daxner, *Der Antisemitismus macht den Juden*, Hamburg 2007.

100 Sammy Gronemann, *Tohuwabohu. Mit einem Nachwort von Joachim Schlör*, Leipzig 2000.

101 Friedrich Torberg, *Die Tante Jolesch. Oder: Der Untergang des Abendlandes in Anekdoten*, München 2022.

102 Amos Elon, *Zu einer anderen Zeit. Porträt der Deutsch-Jüdischen Epoche*, München 2003.

103 Felix Aaron Theilhaber, *Der Untergang der Deutschen Juden. Eine volkswirtschaftliche Studie*, München 1911.

104 Michael Brenner, *Geschichte des Zionismus,* München 2002 (5. Auflage 2019).

105 Susanne Talabardon, *Chassidismus,* Tübingen 2016.

106 Alain Brossat, Sylvie Klingberg und David Fernbach, *Revolutionary Yiddishland. A History of Jewish Radicalism,* London 2016.

107 Vgl. Elon 2003, S. 252

108 Vgl. Bodemann 1996, S. 18–19.

109 Czollek 2018, S. 192.

BEGRENZTE WAHRNEHMUNG. WAS MAN VERGESSEN MUSS, UM WEITERZUMACHEN

110 Götz Adriani, Winfried Konnertz und Karin Thomas, *Joseph Beuys – Leben und Werk*, Köln 1986, S. 155.

111 Mati Shemoelof, »How to Explain Hare Hunting to a Dead German Artist«. Interview mit Joseph Sassoon Semah, *Berliner Zeitung*, 8.1.2021, https://www.berliner-zeitung.de/open-source/interview-how-to-explain-hare-hunting-to-a-dead-german-artist-li.130297

112 Gene Ray, »Joseph Beuys and the After-Auschwitz Divide«, in: Gene Ray (Hrsg.), *Joseph Beuys, Mapping the Legacy*, New York 2011, S. 63–64.

113 Paul Celan, *Atemwende*, Frankfurt am Main 1967.

114 Paul Celan, »Todtnauberg« aus: Paul Celan, *Die Gedichte. Neue kommentierte Gesamtausgabe.* Mit 25 Radierungen von Gisèle Celan-Lestrange. Herausgegeben von Barbara Wiedemann. © Suhrkamp Verlag Berlin 2018.

115 Max Czollek, »Die doppelt belichtete Sprache. Paul Celan und das deutsche Vergessen«, in: Evgenia Lopata (Hrsg.), *Deutsch-Ukrainische Anthologie »Paul Celan 100«*, Czernovitz 2021, S. 185–194.

116 Der ganze Brief in: Otto Pöggeler, »Heideggers Begegnung mit Paul Celan«, *Disputatio Philosophica* 1 (1) 1999, S. 38–49.

DAS PROBLEM MIT DEN DINGEN, DIE NICHT GESCHEHEN SIND

117 Peter Weiss, *Die Ermittlung. Oratorium in 11 Gesängen*, Frankfurt am Main 1991.

118 Brief von Salomea Ochs aus Tarnopol an Anselm, Dora und Sigfried Lichtblau in Tel Aviv, vom 7. und 26.4.1943, in: Klaus-Peter Friedrich (Bearbeiter), *Band 9: Polen: Generalgouvernement August 1941–1945*, München 2014, Dok. 234, S. 625–631, hier S. 631.

119 Johannes Urzidil, »Rechtsgefühl und Rache«, *Aufbau*, 28.11.1941.

120 Anne Frank, *Das Tagebuch der Anne Frank. 12. Juni 1942 – 1. August 1944. Mit einem Vorwort von Albrecht Goes*, Frankfurt am Main und Hamburg 1957, S. 227.

121 Horn 2022, S. 8–9.

122 Max Czollek, *Jubeljahre*, Berlin 2015, S. 21.

123 Stella Leder, *Meine Mutter, der Mann im Garten und die Rechten: Eine deutsch-jüdische Familiengeschichte*, Berlin 2021.

124 Ebd., S. 11.

[POST-]MIGRANTISCHE ERINNERUNGSKULTUR. AUSLÄNDER, WEHRT EUCH!

125 Ulrike Herrmann, *Deutschland, ein Wirtschaftsmärchen. Warum es kein Wunder ist, dass wir reich geworden sind. Der deutsche Aufstieg von 1945 bis heute*, München 2022.

126 ak wantok (Hrsg.), *Antifa Gençlik. Eine Dokumentation (1988–1994)*. 2. korrigierte Auflage, Münster 2020.

127 Ebd., S. 67.

128 Ebd., S. 65.

129 Can Candan (2000), *Duvalar – Mauern – Walls* (Dokumentarfilm), Min. 1:01:14.

130 Ebd., Min. 1:05:15.

131 Max Czollek und Corinne Kaszner, »Pluralität Zweiter Stufe. Zu einem Denken des Radical Diversity«, *Renk Magazin*, 3/2021.

132 Ralph Giordano, »Nach Solingen: Ausländer – wehrt euch!«, *taz*, 1.6.1993, https://taz.de/!1613928/

133 Leah Carola Czollek und Gudrun Perko, »Das Konzept des Verbündet-Seins im Social Justice als spezifische Form der Solidarität«, in: Anne Broden und Paul Mecheril (Hrsg.), Solidarität in der Migrationsgesellschaft. Befragung einer normativen Gruppe, IDA, 2014, S. 153–167.

134 Giordano 1993.

135 Ebd.

136 Ebd.

137 »Juden demonstrieren in Rostock Auseinandersetzung zwischen militanten Franzosen und Polizei«, *Frankfurter*

Rundschau, 20.10.1992, http://www.foerdervereinroma.de/romaffm/rostock.htm
138 Ruben Gerczikow und Monty Ott, »Wie jüdische Aktivist:innen gegen die Abschiebung von Sinti:zze und Rom:nja protestierten«, *Belltower News*, 19.10.2021, https://www.belltower.news/rostock-1992-wie-juedische-aktivistinnen-gegen-die-abschiebung-von-sintizze-und-romnja-protestierten-122805/
139 »Rostock-Lichtenhagen 1992: Ein Polizeidebakel«, *MDR*, 13.1.2022, https://www.mdr.de/geschichte/zeitgeschichte-gegenwart/politik-gesellschaft/was-wurde-aus-der-volkspolizei-rostock-lichtenhagen-randale-100.html
140 Mohamed Amjahid, *Der weiße Fleck: Eine Anleitung zu antirassistischem Denken*, München 2021.
141 Mohamed Amjahid, Die deutsche Erinnerungsüberlegenheit, *Der Spiegel*, 6.3.2021, https://www.spiegel.de/kultur/holocaust-gedenken-die-deutsche-erinnerungsueberlegenheit-a-056d10a7-2b3c-4383-804e-c2130ed6581d
142 Mely Kiyak, »Familie Kiyak weint um Familie Friedman«, 2018, https://kolumne.gorki.de/kolumne-83/

HALLELUJA AUF DIE FLEX! INTERVENTIONEN IN DAS VERSÖHNUNGSTHEATER

143 Félice Gritti, »Wie gehen wir mit diesem Erbe um?«, *Spiegel*, 4.4.2018, https://www.spiegel.de/panorama/schweringen-hakenkreuz-glocke-loest-streit-aus-a-1201261.html
144 Czollek 2018, S. 56–58.
145 Martin Walser, *Shmekendike blumen: Ein Denkmal/A dermonung für Sholem Yankev Abramovitsh*, Hamburg 2014; Martin Walser, *Unser Auschwitz. Auseinandersetzung mit der deutschen Schuld*, Hamburg 2015.
146 Martin Walser, *Tod eines Kritikers*, Frankfurt am Main 2002.
147 »Einsam ist man sowieso«, *Spiegel* 19/2015, https://www.spiegel.de/kultur/einsam-ist-man-sowieso-a-0a27c782-0002-0001-0000-000134762543?context=issue
148 Ebd.

149 Gloria Wekker, *White Innocence. Paradoxes of Colonialism and Race*, Durham 2016.
150 Ebd., S. 171–172.

SCHLUSS: PLURALE ERINNERUNGSKULTUR

151 Doerfer 2021, S. 265.
152 Laura Jockusch, »Zu viel oder zu wenig? Jüdische Rache nach dem Holocaust«, in: Max Czollek, Erik Riedel, Mirjam Wenzel (Hrsg.), *Rache. Geschichte und Fantasie*, München 2022, S. 115–124.
153 Jockusch 2002, S. 123.
154 Harald Welzer, Sabine Moller, Karoline Tschuggnall, *»Opa war kein Nazi«. Nationalsozialismus und Holocaust im Familiengedächtnis*, Frankfurt am Main 2002.
155 Ulrike Jureit und Christian Schneider, *Gefühlte Opfer. Illusionen der Vergangenheitsbewältigung*, Bonn 2010.
156 Michael Papendick, Jonas Rees, Maren Scholz, Andreas Zick, *Memo. Multidimensionaler Erinnerungs Monitor.* Studie III 2020. Bielefeld 2020, S. 16.
157 https://www.dialogueperspectives.org/de/coalition-for-pluralistic-public-discourse/
158 Michael Shire (Hrsg.), *Die Pessach Haggada*, Berlin 2013, S. 46.
159 Weizsäcker 1985.

DANKSAGUNG

Ich danke Michal Bodemann, Leah Carola Czollek, Jonas Fegert, Jo Frank, Franziska Günther, Vera Lorenz, Frederek Musall, Philipp Oswalt, Gudrun Perko und der Familie für die Kritik und den Rücken, Annika Domainko und Florian Kessler für das aufmerksame und geduldige Lektorat und Corinne Kaszner für das gemeinsame Denken und Konspirieren seit Stunde eins.

Max Czollek, geboren 1987, ist Autor und lebt in Berlin. Er ist Mitherausgeber des Magazins *Jalta – Positionen zur jüdischen Gegenwart* und seit 2021 Kurator der *Coalition for a Pluralistic Public Discourse (CPPD)* für eine plurale Erinnerungskultur. Er hat drei Gedichtbände publiziert, bei Hanser erschienen bisher seine vieldiskutierten Essays *Desintegriert euch!* (2018) und *Gegenwartsbewältigung* (2020). 2022 war er Ideengeber und Kokurator der Ausstellung *Rache. Geschichte und Fantasie* am Jüdischen Museum Frankfurt, deren Begleitband ebenfalls bei Hanser erschien.